マンガで学べる

仏像の謎《なぞ》

著 田中ひろみ
監修 青木 淳

マンガで学べる 仏像の謎

もくじ

登場人物

姉（田中ひろみ）

京都・三十三間堂の仏像に出会って以来、とにかく仏像に恋している。時間があれば、いつも仏像を見て歩き、もはや恋人は仏像といった状態。妹はもちろん、少しでも多くの人に、仏像の魅力を伝えたいと思っている。

青木 淳《あつし》 先生

マラカス持って踊ったり、ダジャレを飛ばしたりしているけど、日本美術史や宗教文化史を専門とするれっきとした大学教授。とても解りやすく、やさしい言葉で仏像の見方を語ってくれる優しい先生。仏像、像内納入品の研究でも知られている。

仏像のこと
わかりやすく
説明するね

妹

お姉ちゃんに連れられて、仏像鑑賞には行くものの、これまでさほど仏像には興味はなかった。なぜ、お姉ちゃんが仏像の前であんなに興奮するのか、全く理解できずにいたが、ちょっとおかしな青木先生との出会いで、新たな世界が開ける!?(かも)

え～、
仏像わからない…

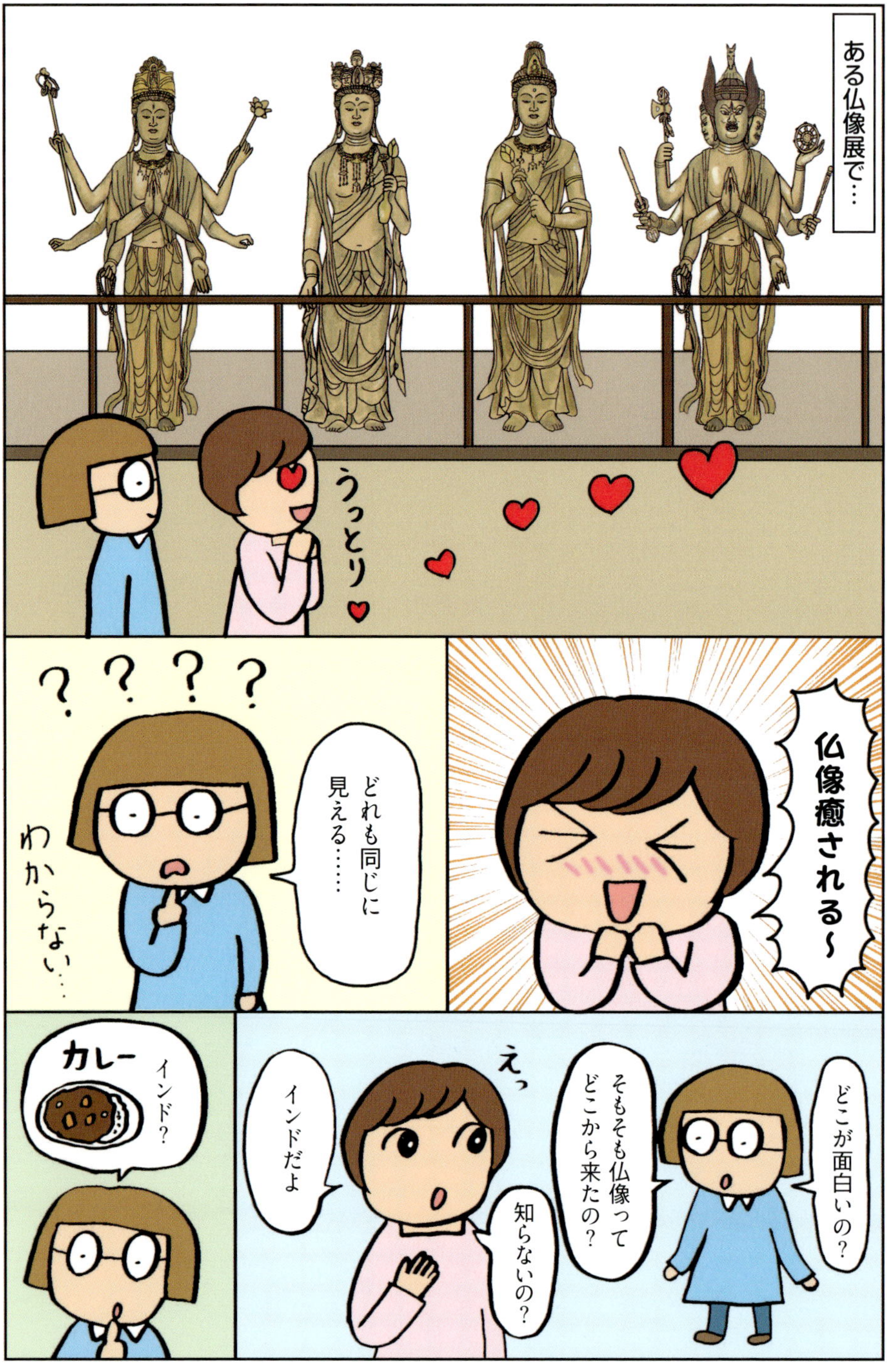
ある仏像展で…
うっとり
仏像癒される～
？？？？
どれも同じに見える……
わからない…
どこが面白いの？
そもそも仏像ってどこから来たの？
えっ
知らないの？
インドだよ
インド？
カレー

仏教伝来の図
北伝仏教
ガンダーラ
シルクロード
長安
日本
マトゥーラ
ブッダガヤ
インド
南伝仏教
スリランカ
仏教と共に伝わったのよ
ふ～ん
でも仏像ってなんでつくられるようになったの？
ふふふ
それはね…
ちょっと待った！
えっ

それは僕が説明しよう！
ジャン
この変な人 誰？
多摩美術大学の教授の青木先生だよ 仏像のことならなんでも知ってるよ

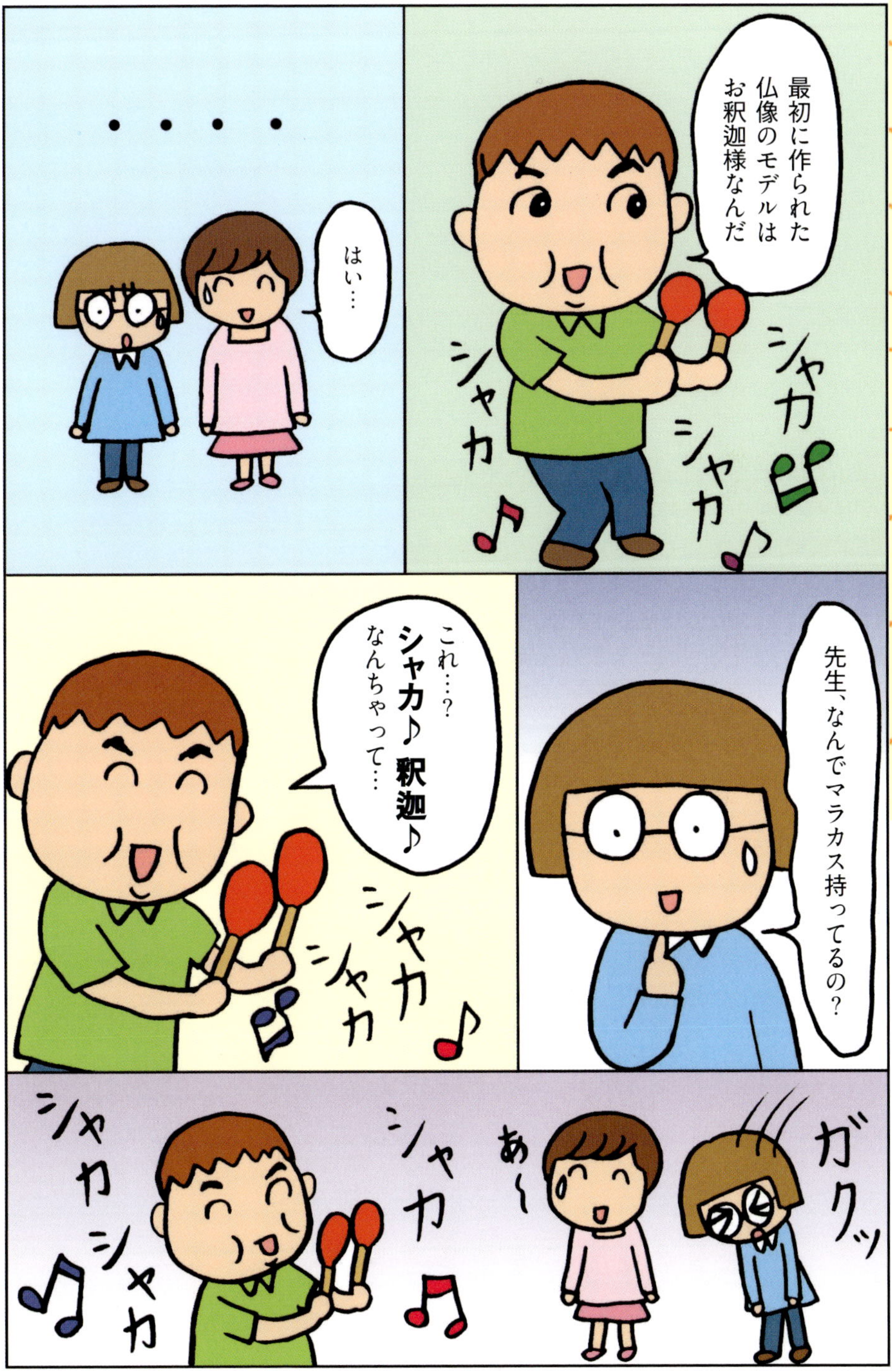
最初に作られた仏像のモデルはお釈迦様なんだ
シャカ
シャカ
シャカ
・・・・
はい…
先生、なんでマラカス持ってるの？
これ…？
シャカ♪釈迦♪
なんちゃって…
シャカ
シャカ
ガクッ
あ〜
シャカ
シャカ
シャカ
シャカ

さあ！青木先生と一緒に仏像の謎ときを始めましょう！

謎 その1

仏像ってなんだ？

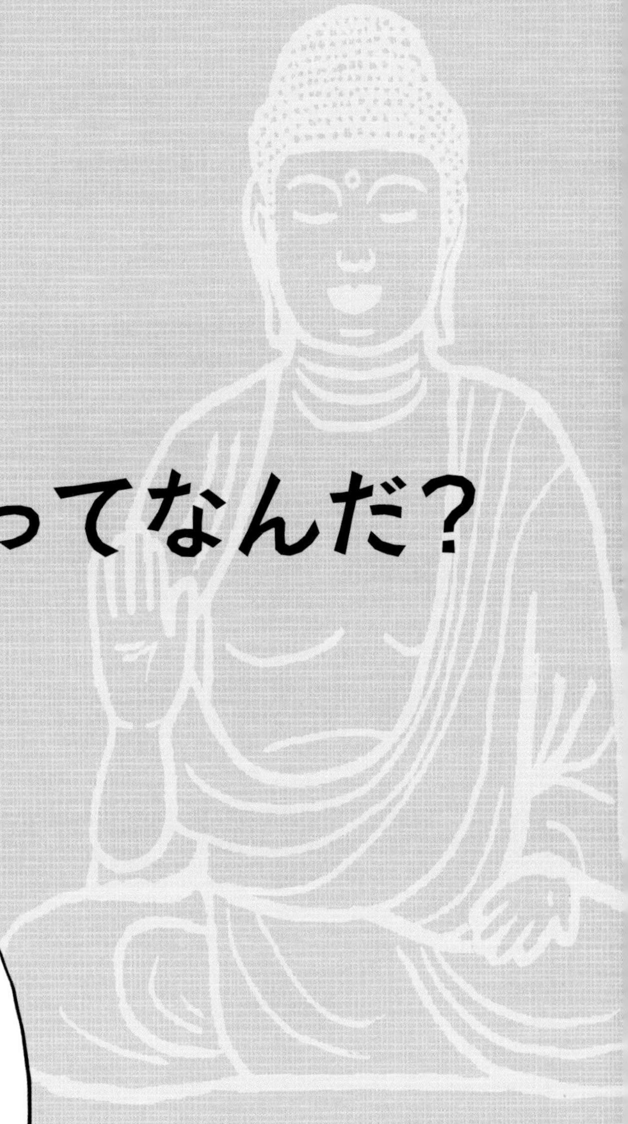

仏像のモデルのお釈迦様って
どんな人だったの？
インドの貴族の
王子様だよ
シャカ♪
シャカ♪
ゴータマ・シッダールタ というのが
本当の名前
ちなみに「ゴータマ」は最高の牛
(牛は最も聖なる生き物とされる)
えっ牛！
じゅる♪
シッダールタは、
目的を成就する者という
サンスクリット語
シャカ♪
シャカ♪
「釈迦」は名前ではなく、
一族の呼び名さ
シャカ♪シャカ♪
シャカ♪

シャカ♪
シャカ♪
シッダールタの母の摩耶夫人《まやぶにん》は右脇から6本の牙を持つ白い象が胎内に入る夢をみて、妊娠を知ったんだって
えっ〜夢で妊娠？
そう！
さむ〜
まぁ 昔の偉い人の話には、その手の話はよくあるよね
シャカ
シャカ♪

聖徳太子のお母さんの間人皇女《はしひとのひめみこ》は
救世《くぜ》観音が胎内に入る夢を見て、
太子を身ごもったというし…
坂本龍馬もお母さんの体に
龍が入り込む夢を見て懐妊を知ったので
龍馬と名付けられたとか
『南総里見八犬伝』の
ヒロイン伏姫は
八房《やつふさ》っていう
犬の気を受けて
懐妊したり…
仁
義
礼
智
忠
信
孝
悌
シャカ
シャカ
あんぐり

シャカシャカ♪
でね、お釈迦様は摩耶夫人が出産のため里帰りする途中にルンビニーの園で無憂樹《むゆうじゅ》の花を折ろうと
手を伸ばしたら右脇から生まれたんだよ
あらきれい！
オギャ
えっ！脇の下から!?
まぁ落ち着いて
超人だから普通とは違うのよ
そうそう
お釈迦様は生まれてすぐに7歩あるいて・・・右手で空を、左手で地を指差し
天《てん》上《じょう》天《てん》下《げ》唯《ゆい》我《が》独《どく》尊《そん》
「天と地で私が一番優れている」ってしゃべったんだって

え～生まれてすぐ!?
それだけ偉大なのよ
でもね、摩耶夫人は出産後7日目で亡くなってしまうのよ
かわいそ～
それで摩耶夫人の妹がお釈迦様の義母になるんだ
よしよし
ある日聖者から「この子は何万年に一度かの偉大な人となる」と予言され
父と義母の慈愛のもとで育てられ…
シャカ♪
シャカ♪

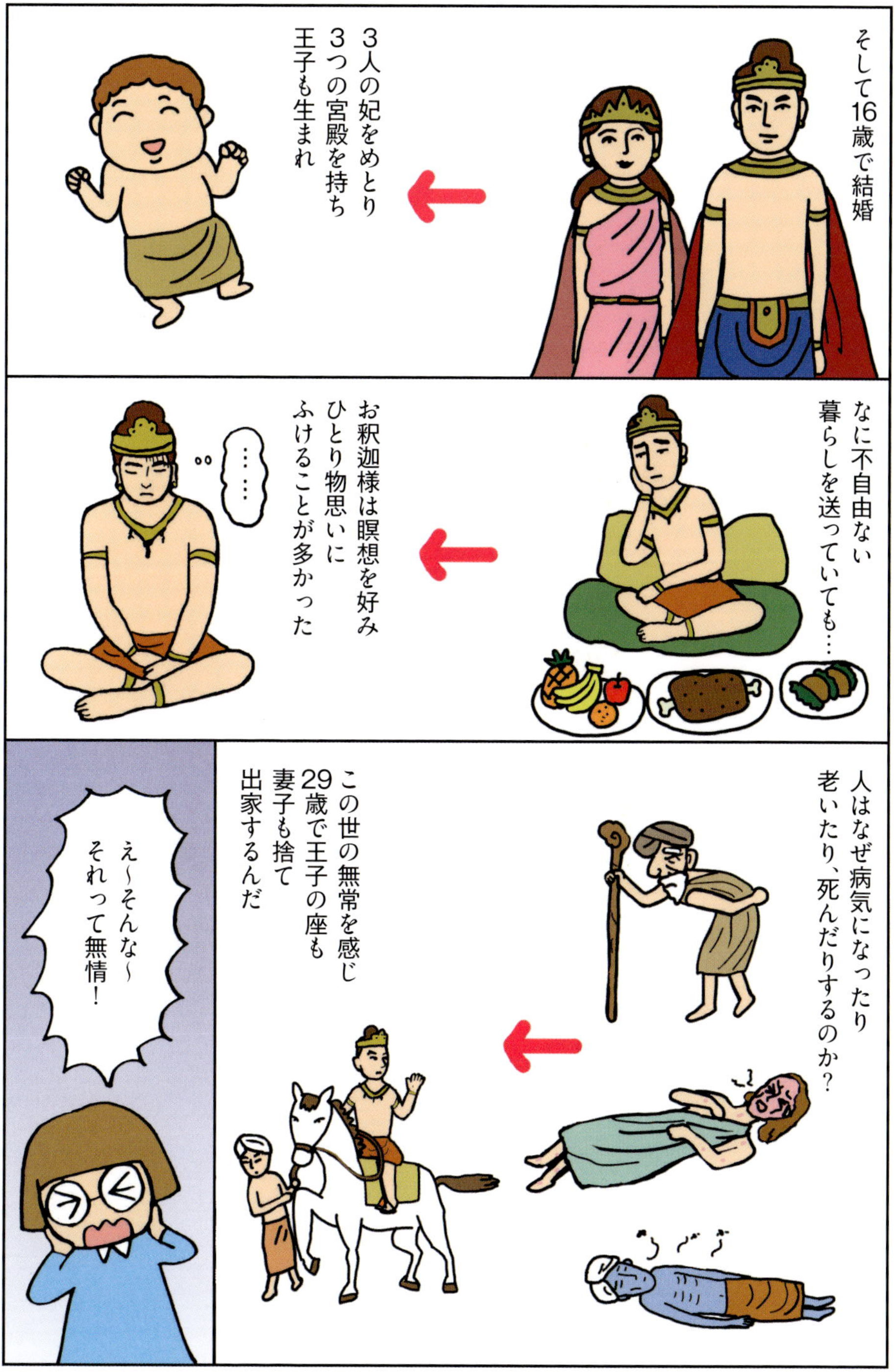
そして16歳で結婚
3人の妃をめとり
3つの宮殿を持ち
王子も生まれ
なに不自由ない
暮らしを送っていても…
お釈迦様は瞑想を好み
ひとり物思いに
ふけることが多かった
……
人はなぜ病気になったり
老いたり、死んだりするのか？
この世の無常を感じ
29歳で王子の座も
妻子も捨て
出家するんだ
え～そんな～
それって無情！

お釈迦様はそれから6年間
飲まず食わずの厳しい修行をする
死と直面する修行で精神の自由を得ようとしたんだ
そのときのがりがりに痩せた姿が
ガリ
がり
〝苦行像〟
ガリガリ！
ダイエット！
目指せ体脂肪5％

でも過酷な
修行だったため
座ろうとすれば
後ろに倒れ
コテン
立とうとすれば
前へも倒れる
フラ
バタン
そりゃそうだ
痩せるのは
ほどほどにしなくっちゃね
心身を消耗する厳しいだけの修行では
悟りは開けないと
山を下り川辺にいたときに
スジャーターという娘から
牛乳粥をもらうんだ
スジャーター

スジャーターってなんか聞いたことある名前だね
?
コーヒーのあれよ
コーヒーにスジャーター
ピンポン!
この時、35歳
牛乳粥で元気を取り戻したお釈迦様は悟を得るために…
菩提樹の木の下で瞑想をはじめるんだ
そのときに悪魔（マーラ）がやってきて、瞑想の邪魔をするわけ
お釈迦様は悪魔を追い払うために地を指差した
その手の形（印）が、降魔印《ごうまいん》（触地印）というんだ
すると悪魔は逃げ出した
ひぇ〜〜

そして12月8日についに悟りを開き
仏陀（ブッダ）となるんだ
お釈迦様は7日間そこに座わって
悟りの楽しみを味わったんだって
フフフ
悟るまで大変
だったもんね
うん
うん

悟りを開いたお釈迦様は
苦しみをどう解決するかを
伝えるため旅に出る
「鹿野苑《ろくやおん》」という
インドの波羅奈国《はらなこく》にあった
林園で最初の説法をする
これを「初転法輪《しょてんぽうりん》」という
お釈迦様は誰もが教えを理解できるよう、
説法する相手の精神的な能力や
性質に合わせて説法したんだよ
これを「対機説法《たいきせっぽう》」と
いいます
やがて継母や妻、息子も
弟子になり
そして
45年間
教えを広め
たくさんの
弟子を作り

80歳で沙羅《さら》双樹《そうじゅ》の下で、入滅（死亡）したんだ
摩那夫人
仏様も弟子も皆が悲しんでいる
美男の阿難は悲しみすぎて倒れている
動物も悲しんでいる
振る舞われた毒キノコでお腹壊して亡くなったそうよ
えっ、偉人がそんな死に方〜!?

ひろみのミニコラム

こんな言葉も仏教から…

阿《あ》弥《み》陀《だ》籤《くじ》

「あみだ」は阿弥陀如来のこと。昔は真ん中から外に向かって放射線状の線をひいてくじにした。これが、阿弥陀如来の後光に似ていることからこの名がついているのよ。

謎 その2

お釈迦様はなぜ仏像になったのか？

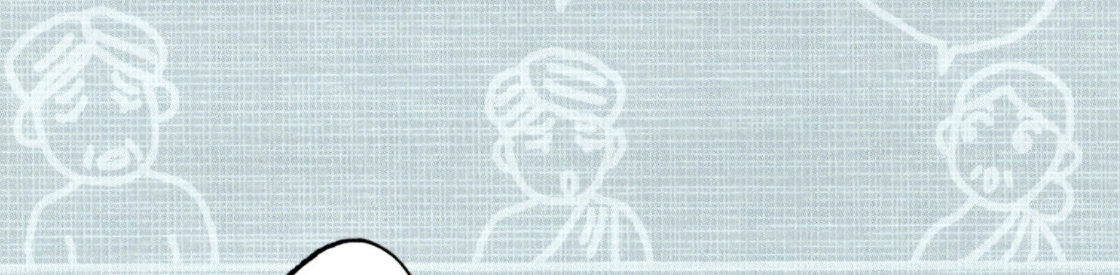

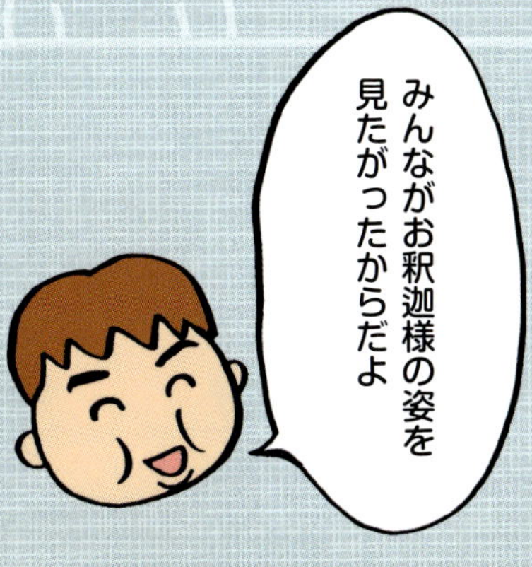
みんながお釈迦様の姿を
見たがったからだよ

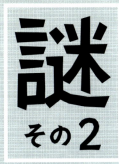

お釈迦様は死んですぐ仏像になったの？
ブ～！お釈迦様は生前、弟子たちに自分の姿を写したり、彫刻しないように戒めていたんだ
すぐ像になったんじゃないんだ
うん、ぞう（象）なんです
ボロ
あいたたた
はじめはお釈迦様の骨をまつるストゥーパを拝んでいたんだ
ストゥーパ
ストゥーパ？
仏塔のことよ日本では、五重塔なんかね
お墓の卒《そ》塔《とう》婆《ば》もストゥーパからきてるのよ

そのストゥーパに
お釈迦様の生涯を
レリーフ（浮き彫り）にし

結婚《けっこん》

誕生《たんじょう》

降魔《ごうま》

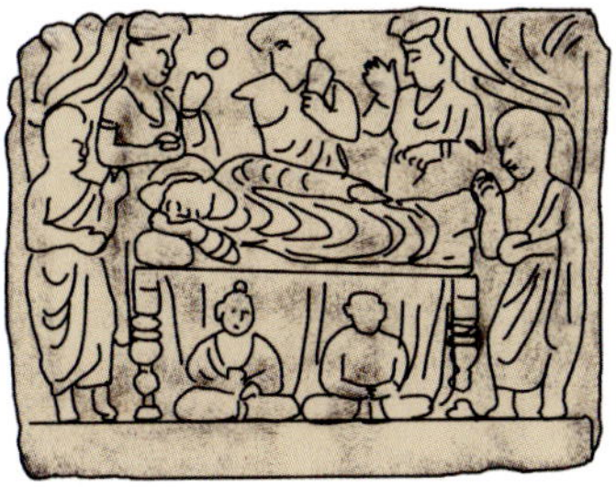

涅槃《ねはん》

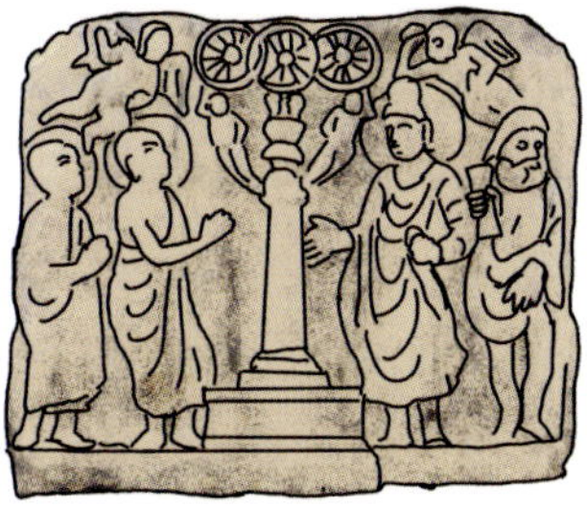

初転法輪《しょてんぼうりん》

お釈迦様のシンボルとして
法輪・仏足石・菩提樹を
拝んでいたんだ

菩提樹《ぼだいじゅ》

お釈迦様が悟りをこの
木の下で開いたから

法輪《ほうりん》

仏教の教えが車輪が転がる
ように広がるように

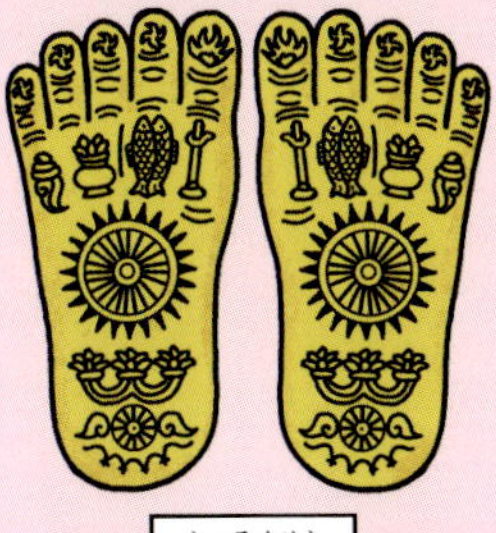

仏足石《ぶっそくせき》

お釈迦様の足の跡を
石に刻んだもの

でもお釈迦様が亡くなって約500年経った頃
お釈迦様ってどんな方だったの？
お釈迦様の姿が見たい！
話だけじゃわからない～
という声が高まってきたんだ
そしてついに仏像が造られた！
ガンダーラ
イケメン系
マトゥーラ
マッチョ系
最初ガンダーラでギリシア彫刻の影響を受けた像がつくられたの
ほぼ同時期にマトゥーラでもインド的な仏像が造られるようになったんだ

ガンダーラ、マトゥーラってどこよ?
この辺りだよ
ガンダーラ
マトゥーラ
インド
スリランカ
本物のお釈迦様見たことないのにどうやって造ったの?
謎だ～?
お釈迦様の弟子たちがその姿を話し合ったんだって
大きい人だったぞ
ヒゲもはえてたよ!
そのお釈迦様の特徴を三十二相《さんじゅうにそう》八十種好《はちじゅうしゅこう》というんだ
何それ?
それはね

三《さん》十《じゅう》二《に》相《そう》

1 足の裏が平らで地に密着している
【足《そく》下《げ》安平立《あんびょうりゅう》相《そう》】

2 手と足に法輪の模様がある
【足《そく》下《げ》二《に》輪《りん》相《そう》】

3 手足の指は細やかで長い
【長《ちょう》指《し》相《そう》】

4 かかとは滑らでが広い足
【足《そく》跟《こん》広《こう》平《ぴょう》相《そう》】

5 手足の指の間に水かきのような膜がある
【手《しゅ》足《そく》指《し》縵《まん》網《もう》相《そう》】

6 手柔らかい
【手《しゅ》足《そく》柔《にゅう》軟《なん》相《そう》】

7 足の甲が亀の甲羅状に盛り上がっている
【足《そく》趺《ふ》高《こう》満《まん》相《そう》】

8 足のふくらはぎが鹿のようにしなやか
【伊《い》泥《でい》延《えん》腨《せん》相《そう》】

9 直立時には手が膝頭をなでられるほど長い
【正立手《しょうりゅうしゅ》摩《ま》膝《しつ》相《そう》】

10 陰部は身体内に隠れる
【陰《おん》蔵《ぞう》相《そう》】

11 両手を広げた長さと身長が同じ
【身《しん》広《こう》長《じょう》等《とう》相《そう》】

12 身体の毛が上向きに生え右旋している
【毛《もう》上《じょう》向《こう》相《そう》】

足下二輪相
人々を慈しみ、怒り、欲、愚かさを照破する

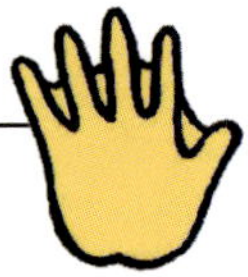

手足指縵網相
漏れなく人々を救うため水かきのようなものがある

足趺高満相
こんもりした甲は内面の豊かさを表している

身広長等相
身体の縦横上下の長さが等しのはおおいなる安住を表す

13 よい香りを放つ輝く毛が生えている 【一《いち》一《いち》孔《くう》一《いち》毛《もう》生《しょう》相《そう》】

14 全身が金色に輝いている 【金《こん》色《じき》相《そう》】

15 四方に向かって一丈の光を放射する 【丈《じょう》光《こう》相《そう》】

16 肌はきめ細かく美しい 【細《さい》薄《はく》皮《ひ》相《そう》】

17 手足、肩、首筋が豊かに盛り上がっている 【七《しち》処《しょ》降《りゅう》満《まん》相《そう》】

18 脇の下にも肉がつき、へこんでいない 【両《りょう》腋《やく》下《げ》降《りゅう》満《まん》相《そう》】

19 上半身は円満で、獅子のように威風堂々としている 【上《じょう》身《しん》如《にょ》獅《し》子《し》相《そう》】

20 身体全体が大きく、端正である 【大《だい》直《じき》身《しん》相《そう》】

21 肩が丸みをもっている 【肩《けん》円《えん》好《こう》相《そう》】

22 歯が四十本あり、白く清潔 【四《し》十《じゅう》歯《し》相《そう》】

23 歯がすきまなく並ぶ 【歯《し》斉《さい》相《そう》】

24 白く鋭利な歯を持つ 【牙《げ》白《びゃく》相《そう》】

25 獅子の頬のように両頬がふくらんでいる 【師《し》子《し》頬《きょう》相《そう》】

26 何を食しても最上の味に感じる 【味《み》中《ちゅう》得《とく》上《じょう》味《み》相《そう》】

27 舌が大きく、髪の生え際までとどく 【大《だい》舌《ぜつ》相《そう》】

28 声は美しく、感嘆させる響きを持つ 【梵《ぼん》声《じょう》相《そう》】

29 瞳は青い蓮華のような色 【真《しん》青《しょう》眼《げん》相《そう》】

30 まつげが牛のように長く美しい 【牛《ぎゅう》眼《げん》睫《しょう》相《そう》】

31 頭頂の肉が髷《まげ》のように隆起している 【頂《ちょう》髻《けい》相《そう》】

32 眉間に一丈五尺の白毛が右巻になっている 【白《びゃく》毛《もう》相《そう》】

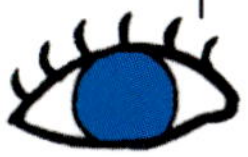

真青眼相

清らかさを表す青い眼でありのままを受け入れ慈しむ

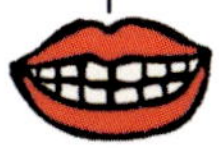

四十歯相

雪のように真っ白な歯は清らかな働きを意味する（常人は32本）

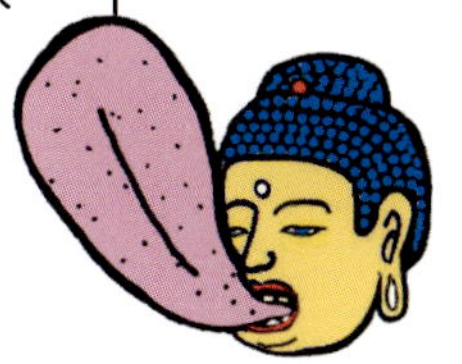

大舌相

顔より大きな舌は、嘘がなく誠実な心を表している

金色相

命あるものから慕われ、苦しみを除き、仏道へと導く

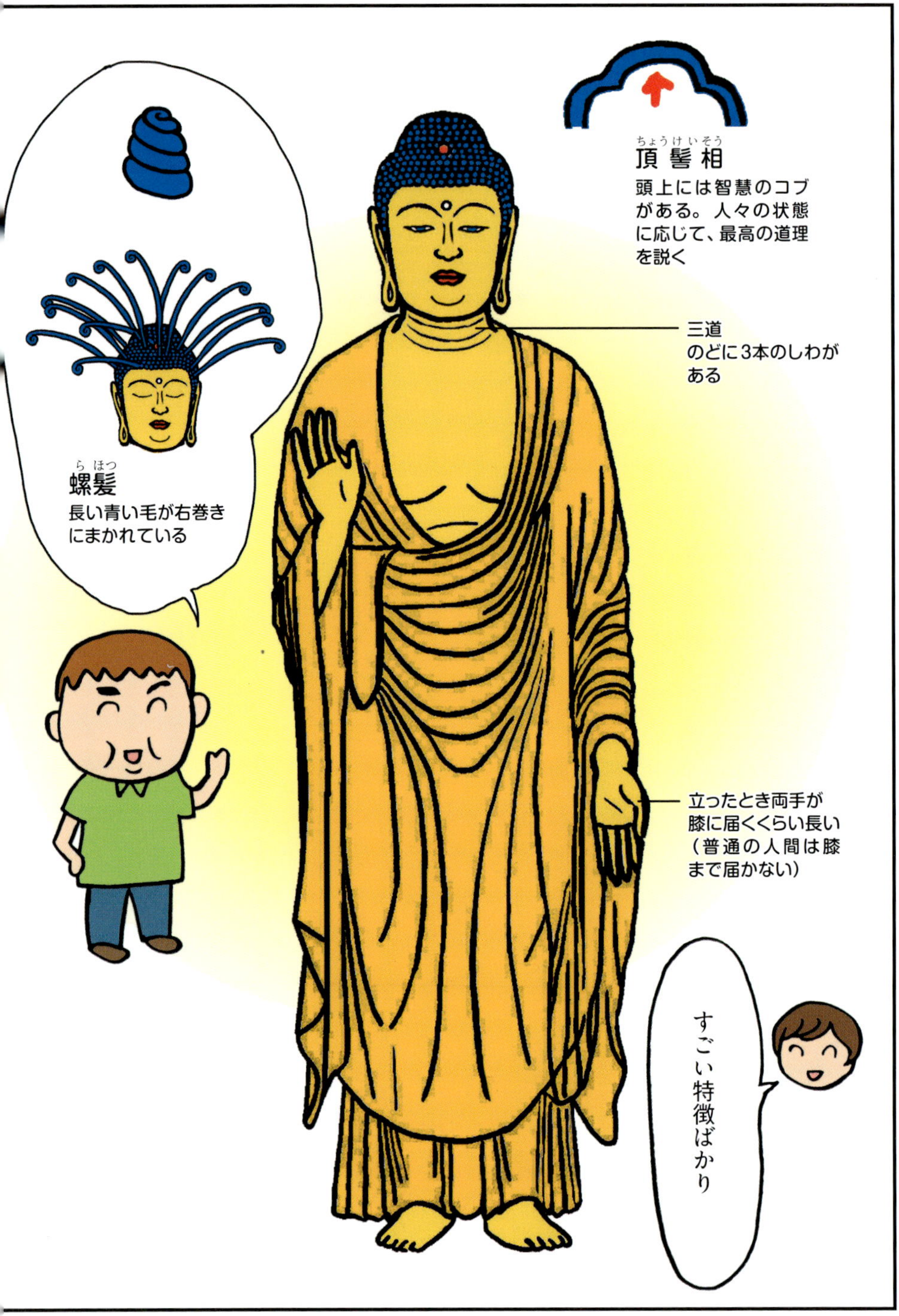
頂髻相《ちょうけいそう》
頭上には智慧のコブがある。人々の状態に応じて、最高の道理を説く
螺髪《らほつ》
長い青い毛が右巻きにまかれている
三道
のどに3本のしわがある
立ったとき両手が膝に届くくらい長い（普通の人間は膝まで届かない）
すごい特徴ばかり

1回念ずると3千体の仏像を発射
人々を生死の迷いから救う
白《びゃく》毛《もう》相《そう》(白毫相)
約4.5mの白い毛が右巻きに巻かれている
仏像を発射!? ほんと、もはや人間じゃないね！
超人だから
先生それホント？
この特徴をもっと細かく定めたのが八十種好って言うんだよ

ひろみの
ミニ
コラム

こんな言葉も仏教から…

有《う》頂《ちょう》天《てん》

仏教語では「天の中の最上にある天」のこと。これが転じて得意の絶頂にあることを言うようになったの。

謎 その3

如来って？

仏像のトップにあげられるのが如来
如来はお釈迦様の出家後の姿なんだよ
出家後の姿だから糞掃衣《ふんぞうえ》をまとったシンプルな姿なんだよ
ふんぞうえ？
糞を拭っていたようなボロボロの布って意味だよ
え〜ばっちい〜なんでそんなの着てるの〜
同じ布だけで6年間苦行をしたからだよ
え〜じゃあ、仏像はみんなそんなボロ着ているの？
そうだね悟りを開いた如来は着飾らなくていいんだ

ほらこんな感じ
ところで、この3体の違い分かるかな?
上の3体の手をよーく見て
え〜みんな一緒に見えるけど…
如来の種類で手の形や持物が違うんだ
それが見分けるポイントだよ
ホラネ!
釈迦《しゃか》
お釈迦様の手は施無畏印《せむむいん》と与願印《よがんいん》
薬師《やくし》
お薬師様は右手に施無畏印、左手に薬壺を持っているのが通例
「薬師は医者の王という意味だよ」
阿弥陀《あみだ》
阿弥陀様は指でOKマークの仏様はナムアミダブツでおなじみ
「これはお釈迦様が説法した時のポーズだよ」

そんなとこを見るのか～
そうそう
シンプルなお姿の如来だけど、いろいろな種類があるんだ
お釈迦様だけじゃないんだね
いろいろな人を救うからよ
たくさん民衆を救うために、種類が増えたんだ
それぞれにお役目があるんだよ
お役目？
そう、そこが重要なの
じゃあ、どんなお役目か説明しよう

謎 その3 如来って？

阿弥陀如来《あみだにょらい》
阿弥陀如来は亡くなったあと極楽浄土に導いてくれる仏様だよ
極楽浄土
ビューーン
西方の極楽浄土からお迎えに来てくれるのよ
お〜来て欲しい！
手の形（印）はおおまかにこの三種類があるよ
瞑想中
説法中
お迎えにきたよ
来迎印《らいごういん》
説法印《せっぽういん》
阿弥陀定印《あみだじょういん》

薬師如来は病の苦しみから救ってくれるのが仏様だよ
手にする薬壷にはどんな病気も治す薬が入ってるの
使っても使っても減らないんだって
薬師如来《やくしにょらい》
お医者さん？
ちなみに平安時代以前の薬師如来は薬壷をもっていない場合もある
平安時代以降のでも薬壷がなくなってしまい、ないのもあるんだ

謎その3　如来って？

毘盧遮那仏《びるしゃなぶつ》
毘盧遮那仏は宇宙を照らす太陽を象徴する仏様
見た目は釈迦如来と同じようだけど…
だから奈良の大仏のように大きく作られることが多いんだ
背中や台を見て！無限に広がる智慧を表しているからたくさんの仏像がいるのよ
ちなみに大仏には定義は立って約4・8メートル以上
座ってその半分の2・4メートル以上
それは、お釈迦様の身長が約4・8メートル（1丈6尺）もあったからなんだって
うそ〜

如来《にょらい》

金剛界大日如来《こんごうかいだいにちにょらい》
如来のなかでも宇宙そのものを表す特別な存在が大日如来だよ
特別な存在だから冠つけたり
他の如来と衣も違うね
手の形（印）が違う2種類の大日如来があるのよ
智慧《ちえ》を象徴
智拳印《けんちいん》

大日《だいに》
アクセサリーもつけてるんだ
胎蔵界大日如来《たいぞうかいだいにちにょらい》
大日如来は、平安時代に空海が密教とともに伝えたんだって
瞑想《めいそう》中
禅定印《ぜんじょういん》
(法界定印《ほうかいじょういん》)

仏像はみんな如来なの？
いやいやもっといろいろあるよ
如来は悟りを得た最高の存在なの
如来の他にもいろいろな役割の仏様がいるのよ
役割があるなんて、なんか人間界みたい…
仏像の種類は左図のような感じだよ
わかんない～
あ～～

仏像の種類

	如来	悟りを得る 衣をまとっただけの質素なお姿だが、 大日如来だけは例外で冠をかぶっていたり、 装飾品を付けたりしている
	菩薩	悟りを得るべく修行中 冠、首飾り、イヤリングなどの装飾品を身に付け、 髪を高く結っている
	明王	如来が姿を変え（化身）、怖い顔して仏法に導く。 武器を持ち、岩や動物などに乗っている
	天	古代インドの神様が土台になっている。 弁財天や大黒天・護法神や福徳神など、 いろいろな種類の神様がいる
	その他	これらに属していない神様。羅漢・祖師など

如来、菩薩、明王、天
それぞれの得意分野で
民衆を救ってくれるのよ
ヘエ〜
次は菩薩について
説明するね

ひろみの
ミニ
コラム

こんな言葉も仏教から…

おしゃかになる

鋳物職人から出た言葉なんだって。火が強すぎて、うまく打ち上がらなかったことを、「ひ」と「し」の発音が同じになる江戸訛で、「火（ひ）が強かった」、「しがつよかった」→「しがつようか」…。4月8日はお釈迦様の誕生日。そこから洒落で「お釈迦」と言うようになったとか…。

謎 その4

菩薩って？

菩薩の特徴

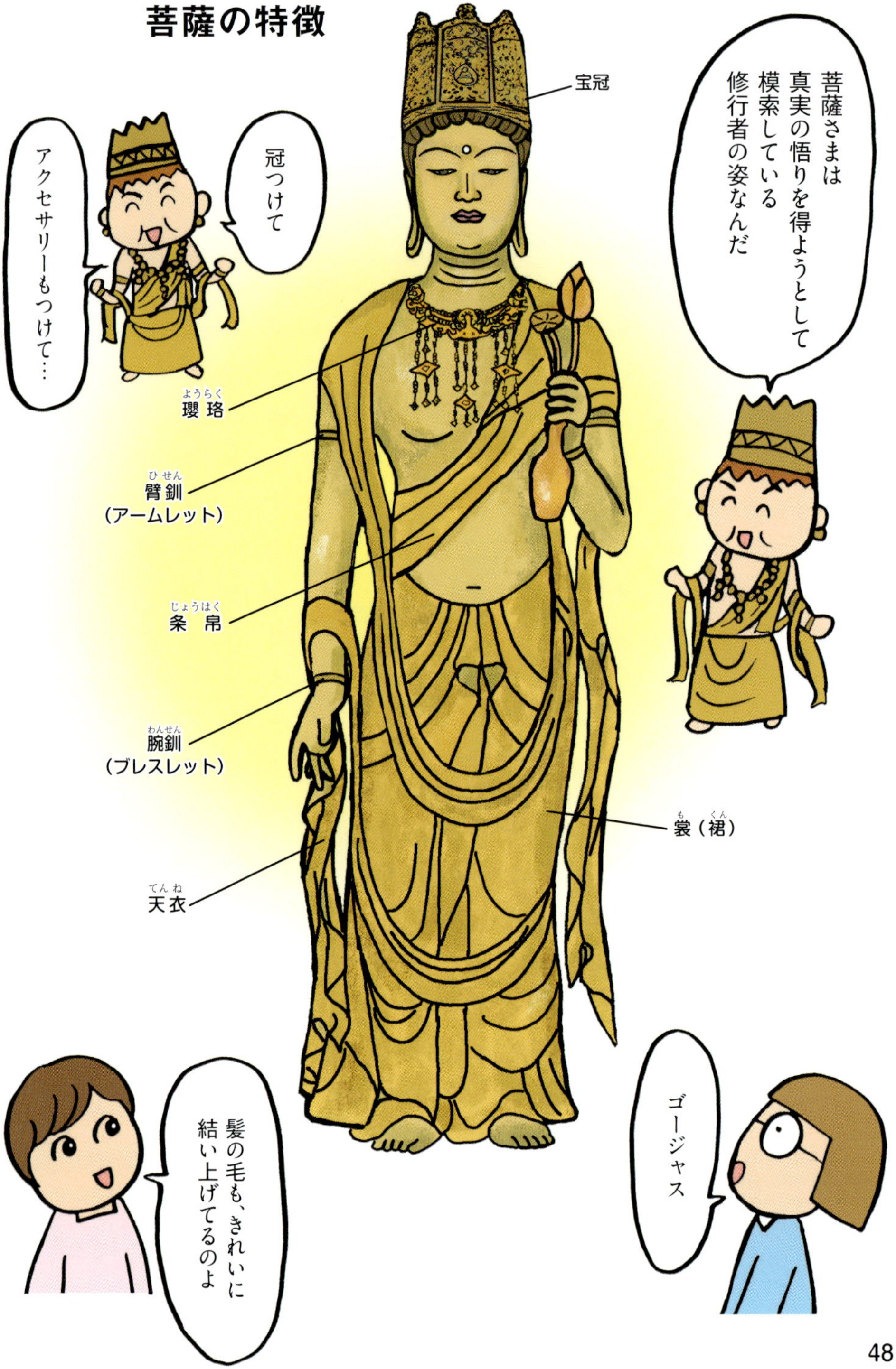

菩薩さまは真実の悟りを得ようとして模索している修行者の姿なんだ
冠つけて
アクセサリーもつけて…
宝冠
瓔珞《ようらく》
臂釧《ひせん》（アームレット）
条帛《じょうはく》
腕釧《わんせん》（ブレスレット）
裳《も》（裙《くん》）
天衣《てんね》
ゴージャス
髪の毛も、きれいに結い上げてるのよ

菩薩は豪華な貴族の姿なの
修行中なのになぜ豪華なの？
貴族だったころのお釈迦様をモデルにしているからよ
菩薩は将来、如来となることが約束されている仏様なんだ
出世コースだね
ちなみに菩薩でメジャーなのは観音《かんのん》菩薩《ぼさつ》
「観世音《かんぜおん》菩薩《ぼさつ》」または「観自在《かんじざい》菩薩《ぼさつ》」ともいうんだ
かんのん？

そう かんのんさま
世の中の人々の 音声を通じて（観音） その苦悩から 救済してくれるんだ
へぇ～じゃあ 「助けて～」って 言ったら来てくれるの？
そうだよ しかも相手にあわせて 変身してきてくれるんだ
観音菩薩の特徴は、 目標としている 阿弥陀如来の 小さな仏像（化仏）を 頭上につけていること
手には蓮の花や
花瓶のような 水瓶を持ってる

聖観音《しょうかんのん》
顔がひとつで腕が二本人間と同じようなお姿
変身する前のお姿が聖観音というの
変身するって？
そう、こんな風に変身するんだ

変身！
千手観音《せんじゅかんのん》
たくさんの人に手を差し伸べるために手が沢山ある

観音が変身した変化観音はこれ!

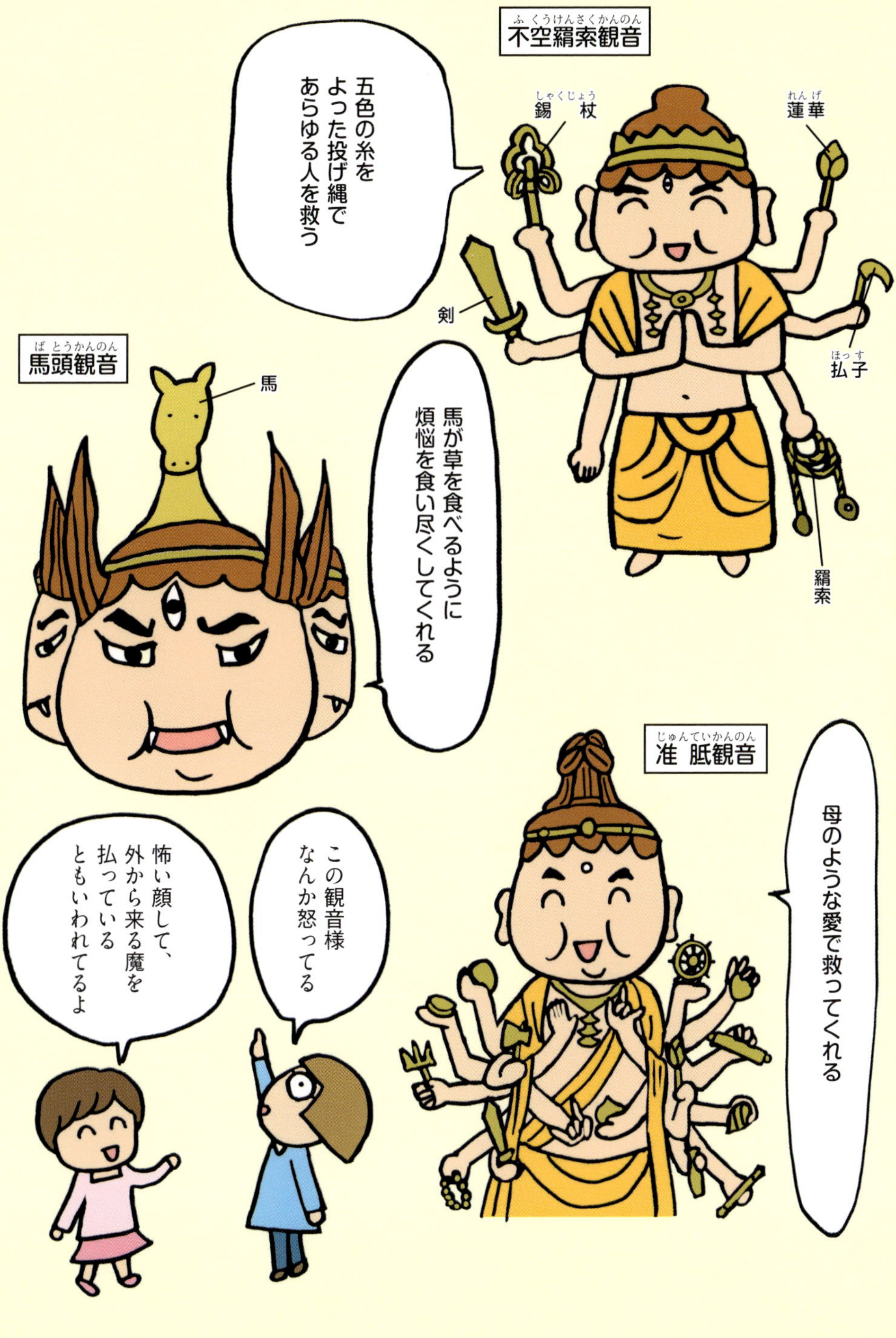
不空羂索観音《ふくうけんさくかんのん》
五色の糸をよった投げ縄であらゆる人を救う
錫杖《しゃくじょう》
蓮華《れんげ》
剣
払子《ほっす》
羂索
馬頭観音《ばとうかんのん》
馬
馬が草を食べるように煩悩を食い尽くしてくれる
准胝観音《じゅんていかんのん》
母のような愛で救ってくれる
この観音様なんか怒ってる
怖い顔して、外から来る魔を払っているともいわれてるよ

いろんな姿に変身するんだね
変身したこの6体を「六観音」っていうのよ
六観音？

六道って知ってる？仏教では六つの迷える世界があってその六つの世界に応じた観音様がみんなを救ってくれるのよ

六道？

六道《りくどう》

天道《てんどう》　如意輪観音

人間道《にんげんどう》　准胝または不空羂索観音

修羅道《しゅらどう》　十一面観音

畜生道《ちくしょうどう》　馬頭観音

餓鬼道《がきどう》　千手観音

地獄道《じごくどう》　聖観音

そう、仏教では人が死ぬと六道のどこかに行くとされているのよ
?
悪いことをしたら地獄に落ちるっていうだろう?
お地蔵様もこの六道に関係するんだよ!
あの道端にいる?
そうだよ
お地蔵様は正しくは地蔵菩薩っていうの
お地蔵様は、地獄道に落ちた人も救ってくれるんだよ
アチ
アチ

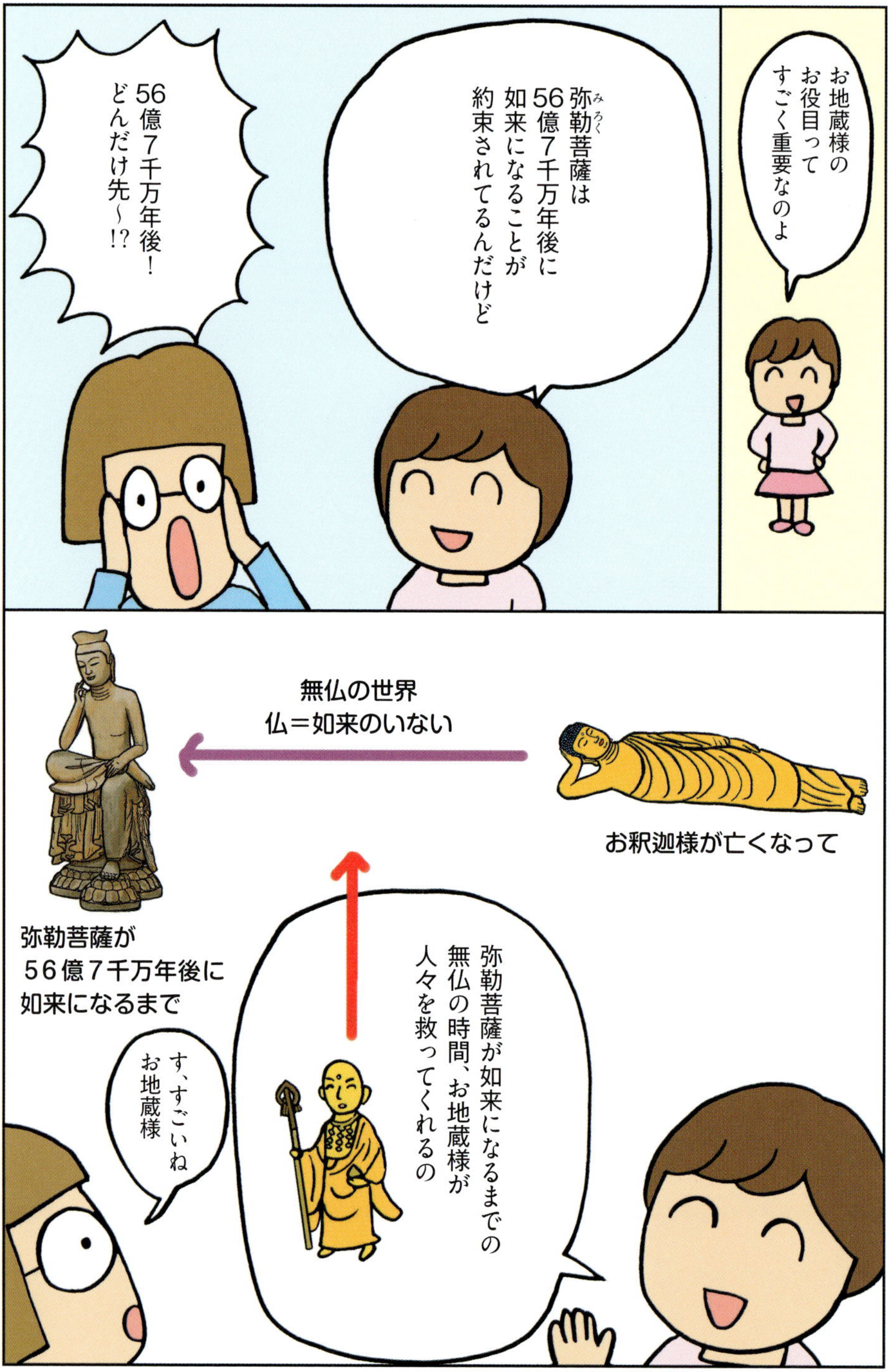

お地蔵様のお役目ってすごく重要なのよ
弥勒《みろく》菩薩は56億7千万年後に如来になることが約束されてるんだけど
56億7千万年後！どんだけ先〜!?
お釈迦様が亡くなって
無仏の世界
仏＝如来のいない
弥勒菩薩が
５６億７千万年後に
如来になるまで
弥勒菩薩が如来になるまでの無仏の時間、お地蔵様が人々を救ってくれるの
す、すごいね お地蔵様

他にもいろんな菩薩様がいるのよ
文殊《もんじゅ》菩薩《ぼさつ》
智慧を司っている
経典
蓮華
剣
獅子
三人よれば文殊の知恵ね！
文殊菩薩と普賢菩薩は釈迦如来の脇にいることが多いのよ
普賢《ふげん》菩薩《ぼさつ》
白い象に乗って
あらゆるものを救う
白象
この象
象に見えないね

勢至菩薩と観音菩薩は阿弥陀如来の脇にいることが多いのよ
智慧の光で、一切を照らし、人々が地獄・餓鬼界へ落ちないように救うんだ
水瓶
頭に水瓶！
勢至菩薩《せいしぼさつ》

空海は、この虚空蔵菩薩の真言（呪文）を百万遍唱える虚空蔵求聞持法《こくうぞうぐもんじほう》を行って、記憶力を高めたんだって
広大な宇宙のような無限の智慧と慈悲を持った菩薩なんだ
剣
宝珠
もうすでに無理！菩薩たくさんいすぎて覚えられない…
虚空蔵菩薩《こくうぞうぼさつ》

謎 その5

明王って？

3番目のグループは明王
顔怖い!
あの形相は必死に人々を救おうとしているからなんだよ

不動明王《ふどうみょうおう》
火炎光背
剣
羂索
明王で有名なのがお不動さんで知られる不動明王
お不動さんなら聞いたことあるよー

スパッ！
煩悩
メラメラ
断ち切った煩悩を
背中の炎（火焔光背）で焼く
投げ縄のような「羂索《けんさく》」で、
煩悩をしばりあげたり
煩悩
ギュッ！
燃えてる
すごいね
お不動さん
人々を救い上げたり
あ〜
お不動さん
萌えるわ
もえ〜

不動明王は、弘法大師空海が密教と共に伝えたとされるんだ
空海様～
へェ～
弘法大師の伝えたとされるのお姿がコレ（真言系）
弘法大師様
ストレートヘアー
頂蓮《ちょうれん》
両目は見開いてる
上の歯で下唇をかみ
正眼
平安後期に不動明王の特徴を書いた不動十九観にもとずくお姿がこれ（天台系）
十九観様
カールしてる
莎髻《しゃけい》
目が天と地をむく「天地眼」
牙も天と地をむいている「牙上下出」
天地眼
真言系と天台系で違うんだって
？
こんな感じで巻き髪で両目見開いてたりね

五大明王

（魔を降伏させる５明王）

東
降三世《ごうざんぜ》明王《みょうおう》
過去、現在、未来の三世界と三毒（貪《とん》・瞋《じん》・痴《ち》）を取り除いてくれる
4つの顔と8本の手に武器を持ちヒンズー教の最高神のシヴァ神夫妻を踏みつけているんだ
え〜神を踏む!?
シヴァ神の妃の烏摩（ウマー）
シヴァ神
南
軍荼利《ぐんだり》明王《みょうおう》
目に見えない外敵や煩悩を取り除く
軍荼利とは、とぐろを巻いたもののこと顔は1つで目は3つ、瓶の甘露で種々の障害を除くんだ
蛇
蛇

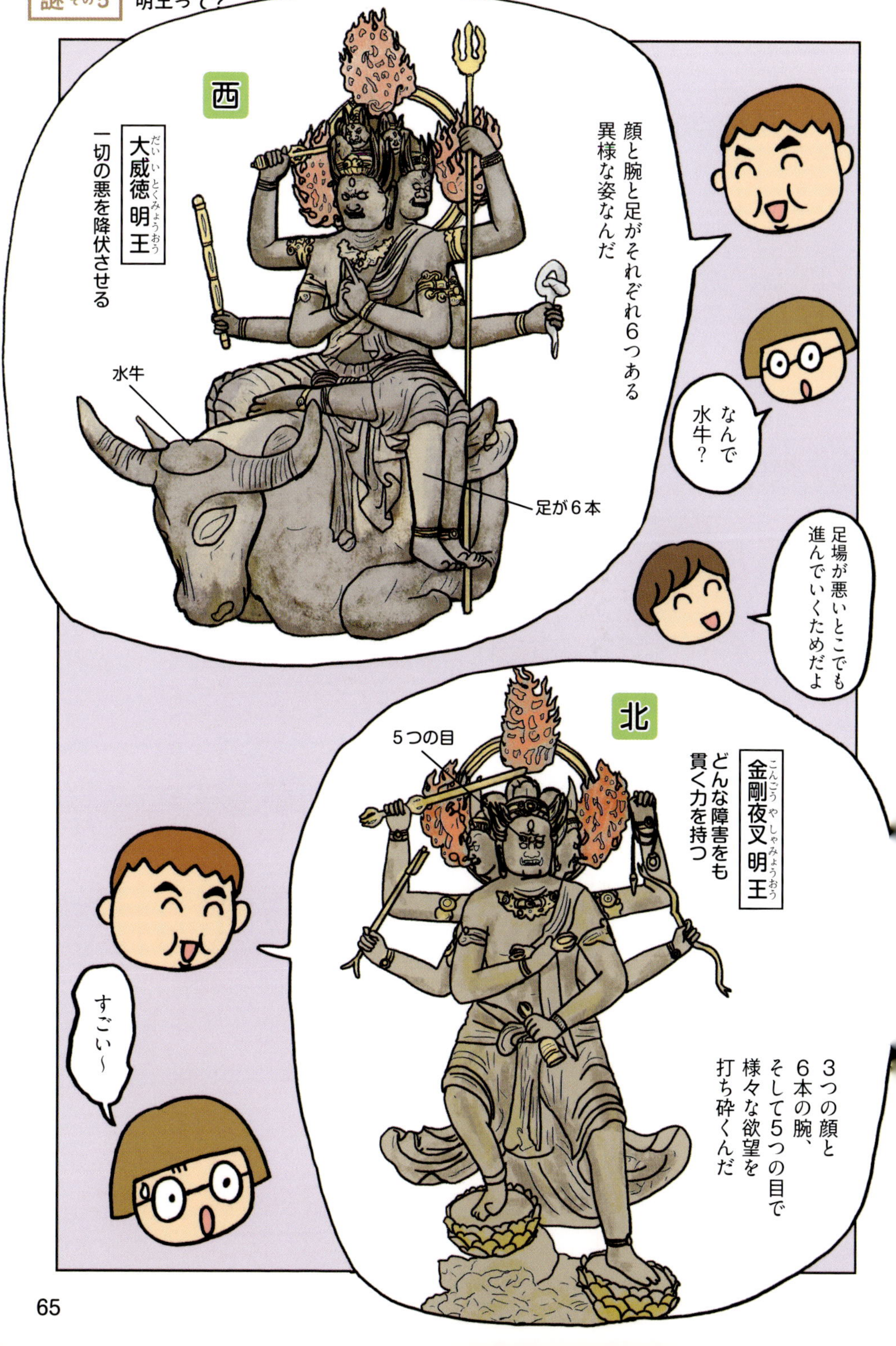
西
大威徳《だいいとく》明王《みょうおう》
一切の悪を降伏させる
顔と腕と足がそれぞれ6つある異様な姿なんだ
水牛
足が6本
なんで水牛？
足場が悪いとこでも進んでいくためだよ
北
金剛夜叉《こんごうやしゃ》明王《みょうおう》
どんな障害をも貫く力を持つ
5つの目
3つの顔と6本の腕、そして5つの目で様々な欲望を打ち砕くんだ
すごい〜

明王かっこいいね
ちょっと仏像の楽しさわかってきたかも
でしょ！でしょ！
うふふ

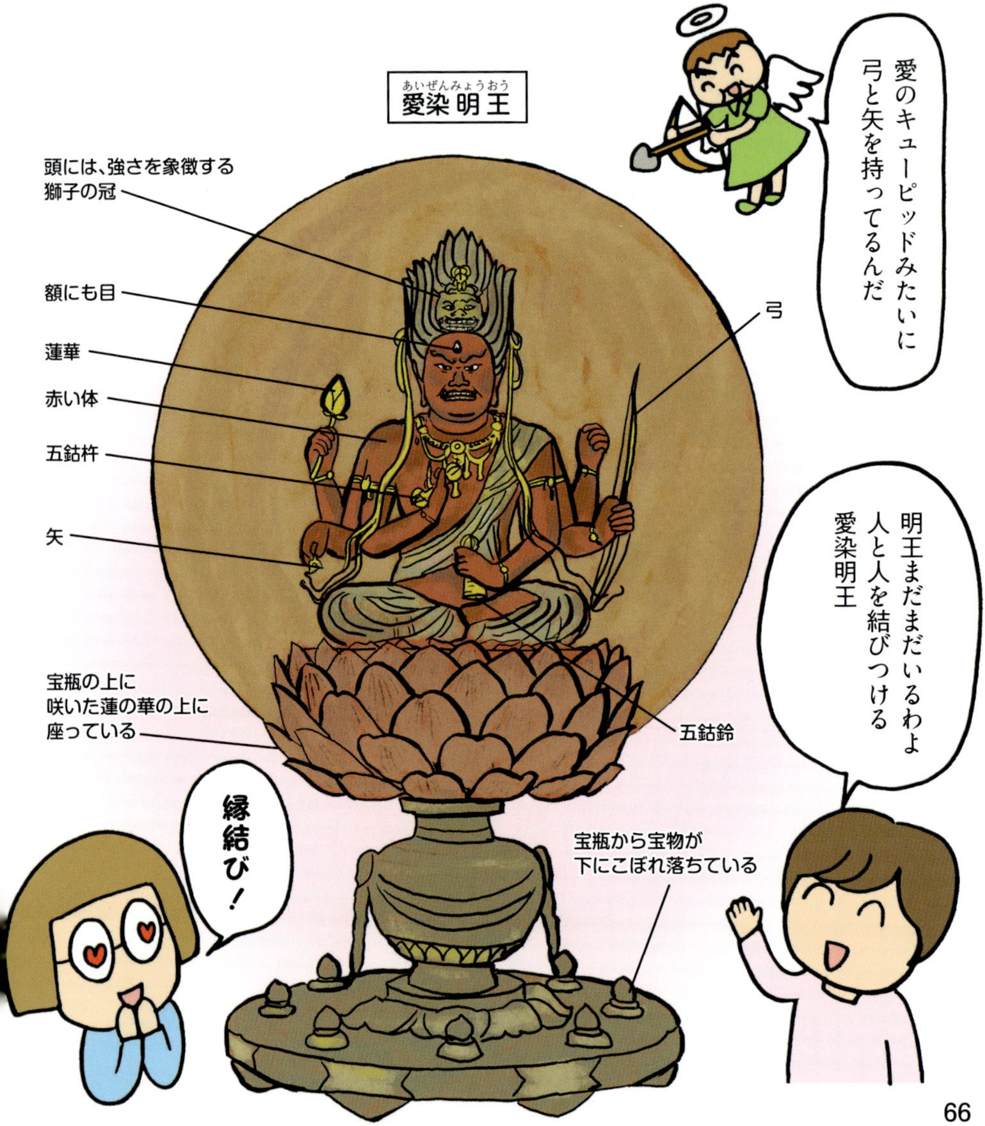
愛のキューピッドみたいに弓と矢を持ってるんだ
愛染明王《あいぜんみょうおう》
頭には、強さを象徴する獅子の冠
額にも目
蓮華
赤い体
五鈷杵
矢
弓
宝瓶の上に咲いた蓮の華の上に座っている
五鈷鈴
明王まだまだいるわよ
人と人を結びつける
愛染明王
縁結び！
宝瓶から宝物が下にこぼれ落ちている

孔雀明王《くじゃくみょうおう》
レモンのような
倶縁果《ぐえんか》
蓮華
ザクロのような
吉祥果《きちじょうか》
孔雀の尾羽根
ちょっと変わってるのが孔雀明王《くじゃくみょうおう》
どこが？
明王なのに優しい顔してるのよ
イケメン
孔雀は、害虫や毒蛇を食べることから「人々の災厄や苦痛を取り除く」とされてるんだよ
へエ～
ほんといろいろあるね
おもしろい！

ひろみのミニコラム

こんな言葉も仏教から…

退屈《たいくつ》

飽きることを指すこの言葉は、仏道の修行の苦難に疲れて、心が後退して精進の気持ちがなえて屈する事。疲れて嫌になってしまう事からきてるのよ。

謎 その6

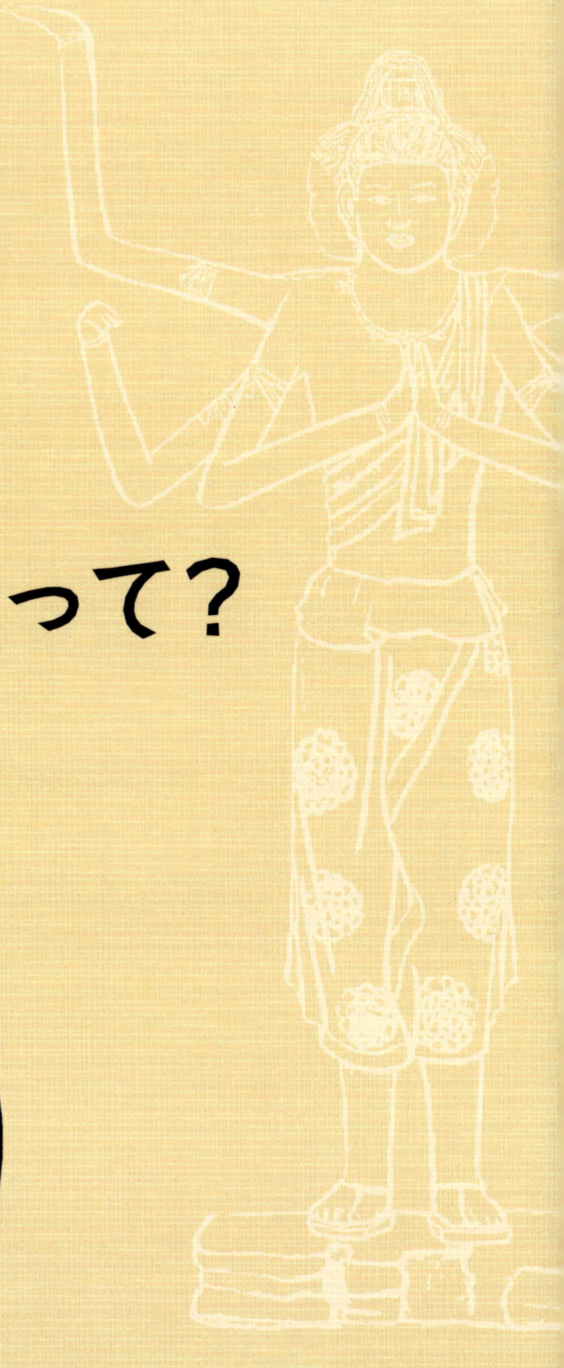

天って?

次は4番目のグループは天
天って空のこと？
ヒンズー教とバラモン教の神様が仏教に取り入れられたグループなんだ
えっ、インドの神様が⁉
だから、いろんな神様がいて、姿も様々なんだ
武人
十二神将や四天王
女神
吉祥天や弁財天
貴紳形
梵天《ぼんてん》や帝釈天《たいしゃくてん》
動物形
迦楼羅天《かるらてん》や歓喜天《かんぎてん》

四天王

仏教世界の中心的な巨山の須弥山の中腹にいて、四方の方角を守っている

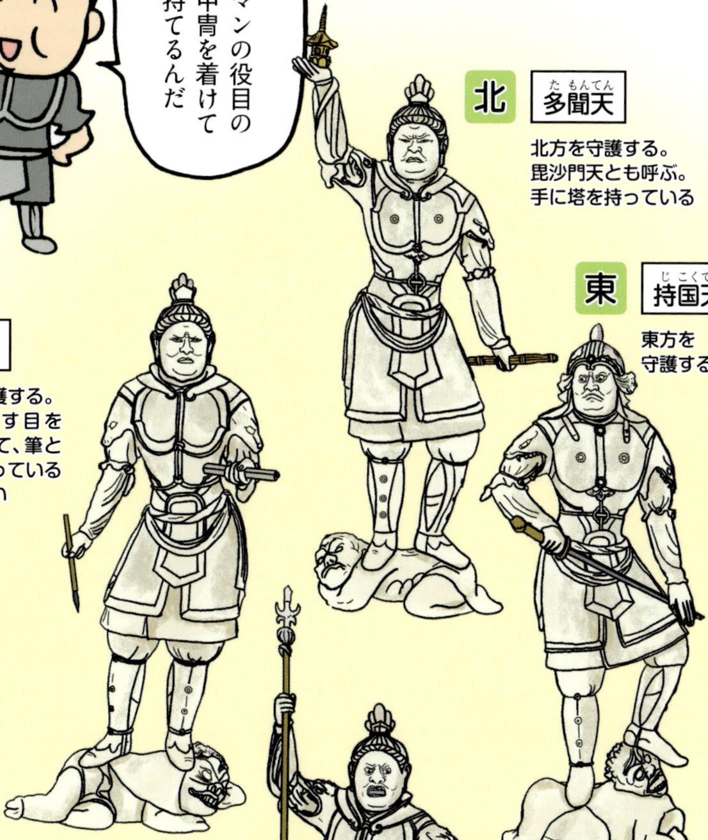

北 多聞天《たもんてん》

北方を守護する。毘沙門天とも呼ぶ。手に塔を持っている

東 持国天《じこくてん》

東方を守護する

西 広目天《こうもくてん》

西方を守護する。広く見渡す目を持っていて、筆と巻物を持っていることが多い

南 増長天《ぞうちょうてん》

南方を守護する

足元に邪鬼「あまのじゃく」とも呼ばれることもある。苦悶している顔に愛嬌がある

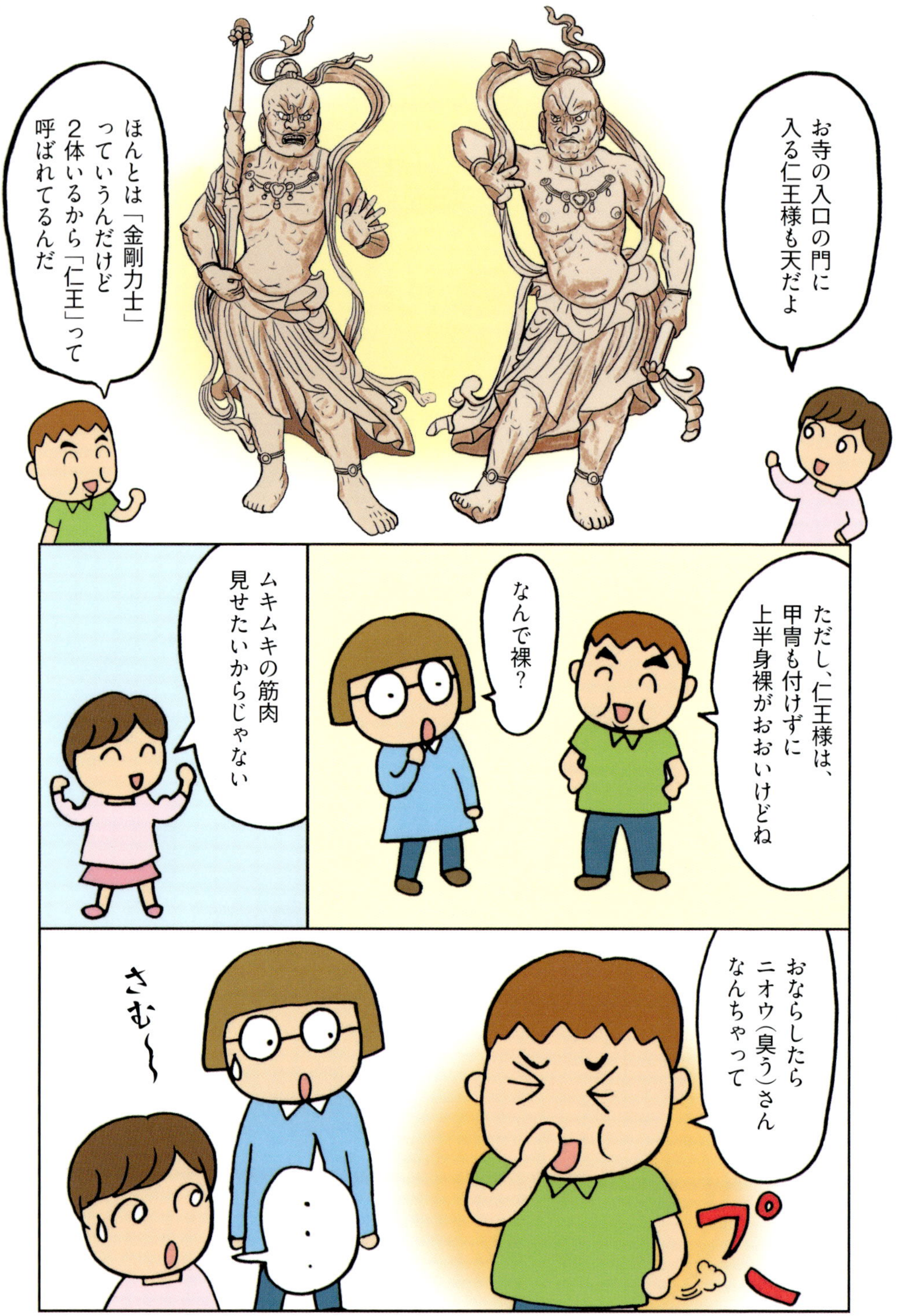
お寺の入口の門に入る仁王様も天だよ
ほんとは「金剛力士」っていうんだけど2体いるから「仁王」って呼ばれてるんだ
ただし、仁王様は、甲冑も付けずに上半身裸がおおいけどね
なんで裸？
ムキムキの筋肉見せたいからじゃない
おならしたらニオウ（臭う）さんなんちゃって
プ
さむ〜〜
…

吉祥天 インドの美と幸福の女神。

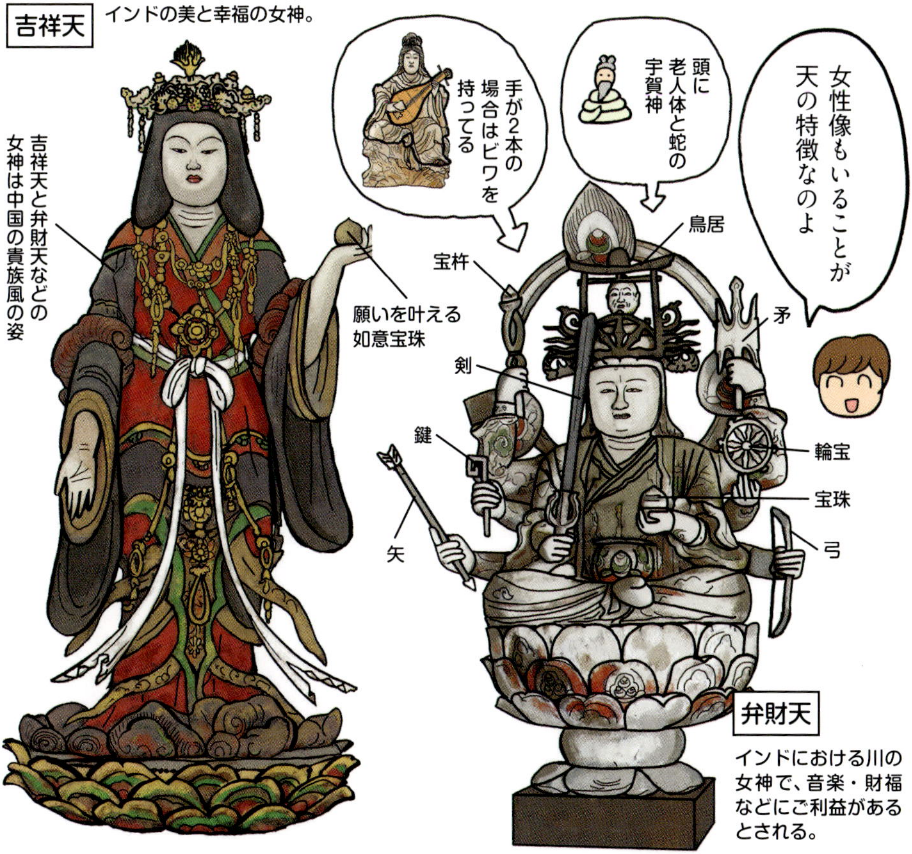

弁財天 インドにおける川の女神で、音楽・財福などにご利益があるとされる。

寅さんで有名な帝釈天も天だよ
へエ〜
あと私が大好きな阿修羅がいる八部衆も天よ〜♥

八部衆
釈迦を守ってる
阿修羅（あしゅら）
乾闥婆（けんだつば）
緊那羅（きんなら）
畢婆迦羅（ひばから）
五部浄（ごぶじょう）
体は失われた
沙羯羅（さから、しゃがら）
迦楼羅（かるら）
鳩槃荼（くばんだ）
シャカ
シャカ
みんな古代インドの神だったんだよ

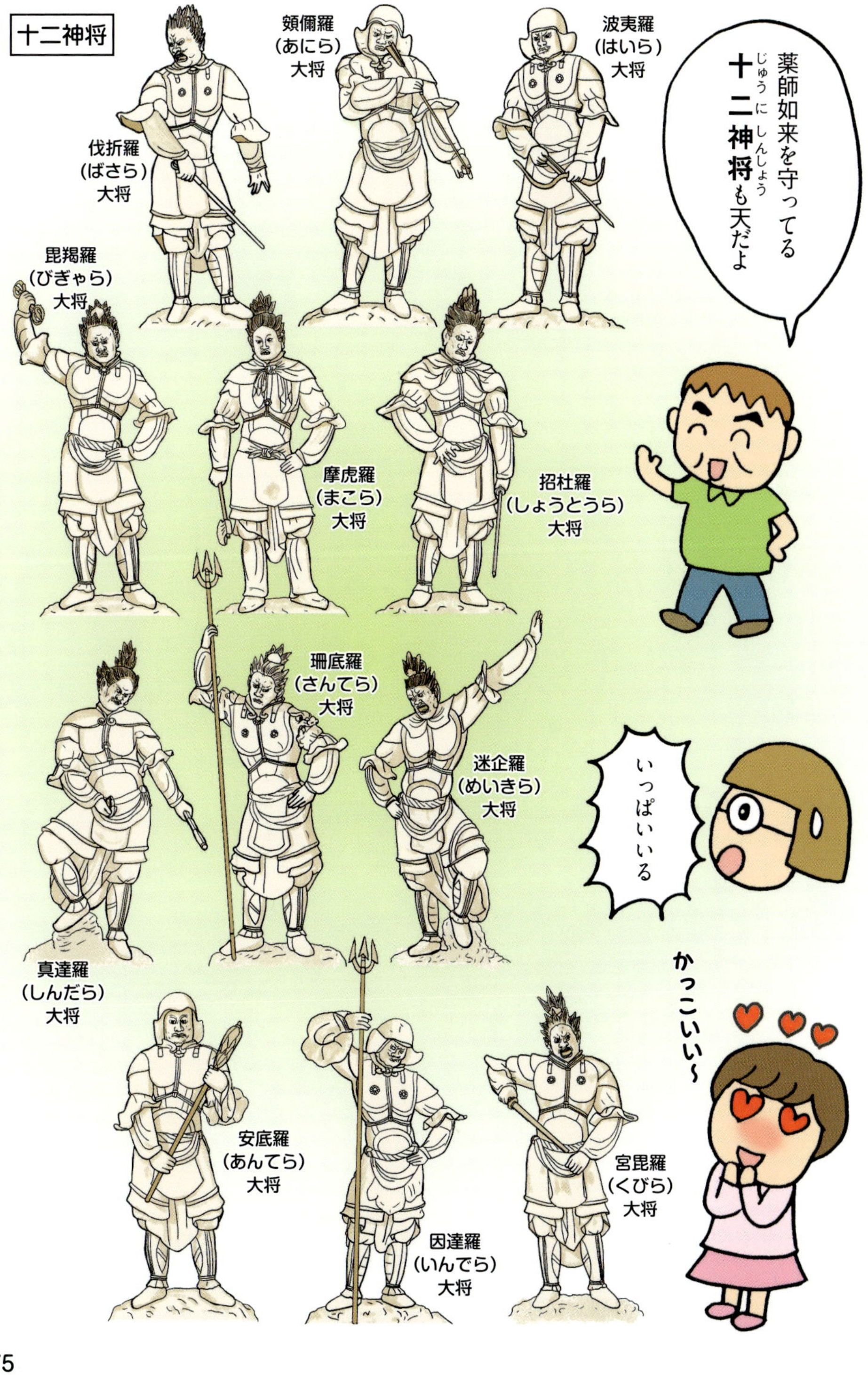
十二神将
頞儞羅（あにら）大将
波夷羅（はいら）大将
伐折羅（ばさら）大将
薬師如来を守ってる
十《じゅう》二《に》神将《しんしょう》も天だよ
毘羯羅（びぎゃら）大将
摩虎羅（まこら）大将
招杜羅（しょうとうら）大将
珊底羅（さんてら）大将
迷企羅（めいきら）大将
いっぱいいる
真達羅（しんだら）大将
かっこいい〜
安底羅（あんてら）大将
因達羅（いんでら）大将
宮毘羅（くびら）大将

いろいろあるのだけはわかったよ〜
まだあるのよ
えっ、まだ!?
そう、如来、菩薩、明王、天以外にもあるんだ
釈迦と千手と弥勒が合体した「蔵王権現」が有名
蔵王権現《ざおうごんげん》
仏が「仮に」神の形を取って「現れた」権現

釈迦のお弟子の
阿羅漢《あらかん》（羅漢）
五百《ごひゃく》羅漢《らかん》とか
いっぱいいる〜
こんな風に仏像といわれてるのはいろいろあるんだ
もう、頭パンパン
まだまだ仏像は奥が深いのよ

ひろみのミニコラム

こんな言葉も仏教から…

金輪際《こんりんざい》

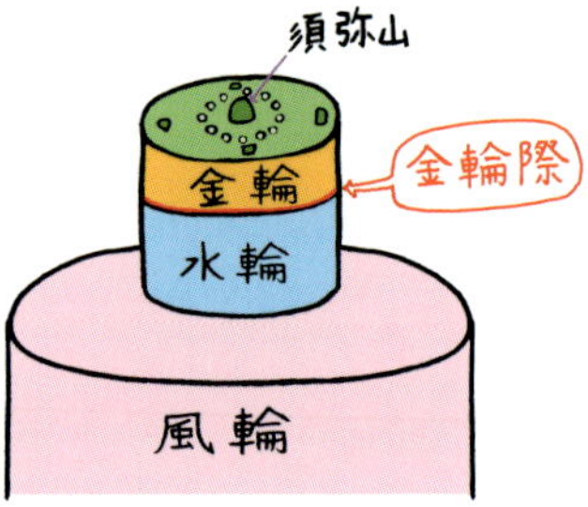

物事の極限を表す「金輪際」の「金輪」とは、地下にあって大地を支える三つの輪のひとつ（この下に水輪、風輪がある)。金輪際は大地がある金輪の一番下ということから、極限、物事のゆきつくところという意味に使われているの。

謎 その7

仏像 あれこれの謎

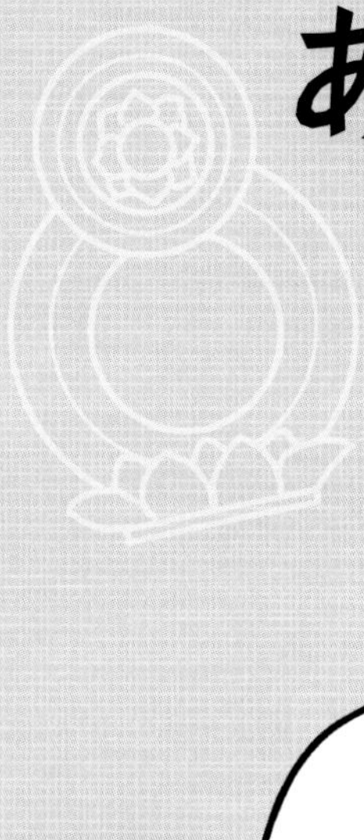

仏像の世界にもいろいろなグループやお役目があるんだね
でも、その役割ってどうやって見分けるんだろう?
いいとこに気がついたねそれは仏像の細部にヒントがあるんだよ!
乗ってる台も大事なんだ
台もだいじ?
ダジャレ?
台で代表的なのは蓮の花（蓮台）
如来や菩薩の台座としてよく使われるの
蓮華座《れんげざ》
蓮は泥の中から泥に紛れずに美しい花を咲かす蓮は
煩悩にまみれない心をあらわしているんだ

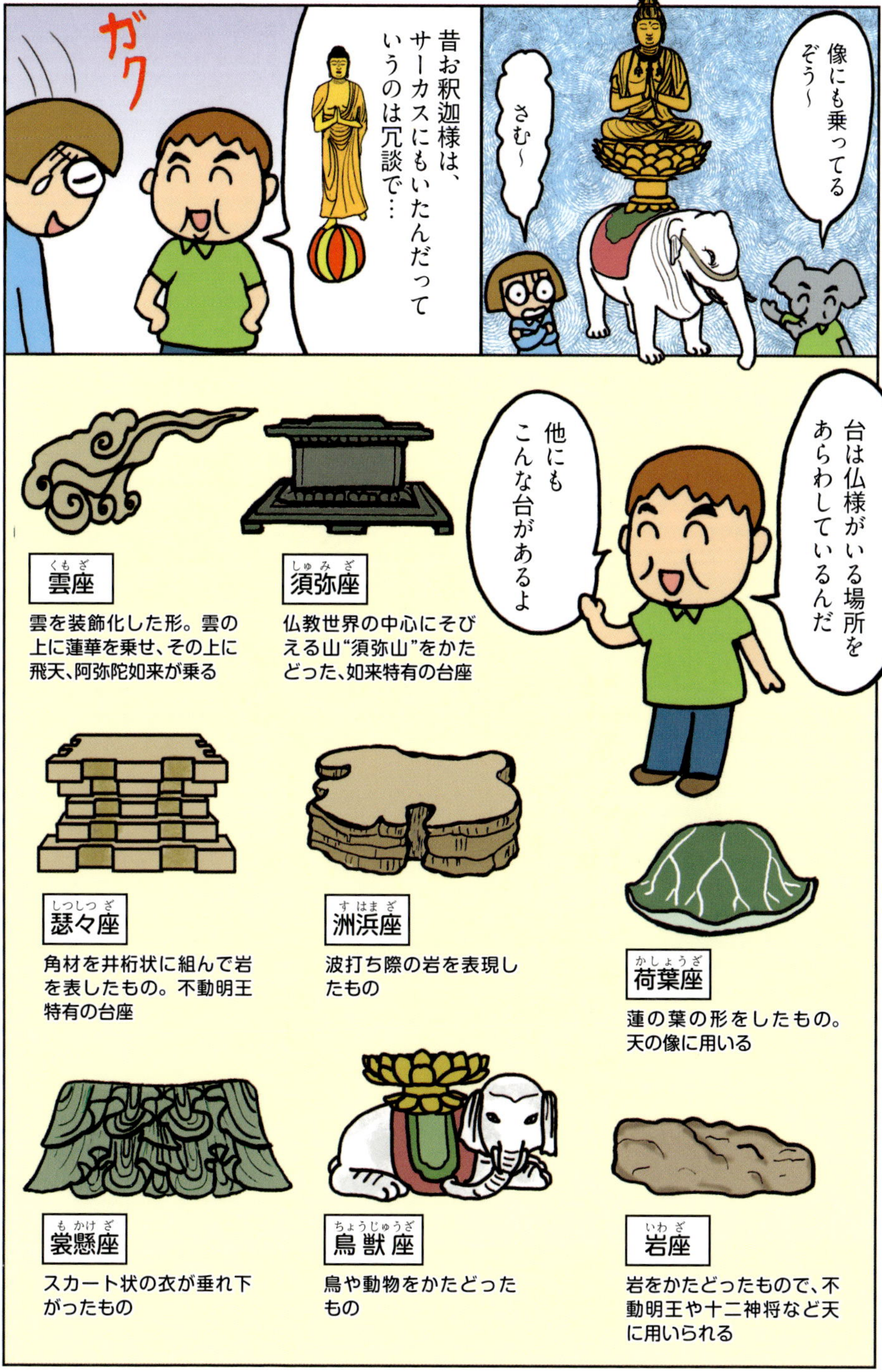
像にも乗ってるぞう～
さむ～
昔お釈迦様は、サーカスにもいたんだっていうのは冗談で…
ガク
台は仏様がいる場所をあらわしているんだ
他にもこんな台があるよ
雲座《くもざ》
雲を装飾化した形。雲の上に蓮華を乗せ、その上に飛天、阿弥陀如来が乗る
須弥座《しゅみざ》
仏教世界の中心にそびえる山"須弥山"をかたどった、如来特有の台座
瑟々座《しつしつざ》
角材を井桁状に組んで岩を表したもの。不動明王特有の台座
洲浜座《すはまざ》
波打ち際の岩を表現したもの
荷葉座《かしょうざ》
蓮の葉の形をしたもの。天の像に用いる
裳懸座《もかけざ》
スカート状の衣が垂れ下がったもの
鳥獣座《ちょうじゅうざ》
鳥や動物をかたどったもの
岩座《いわざ》
岩をかたどったもので、不動明王や十二神将など天に用いられる

背中にくっついている板は何？
サーフボード？
あれは光背 身体が光輝いていることを表しているんだよ いわば、仏様の出すオーラなんだ
まさに後光が差すという感じ

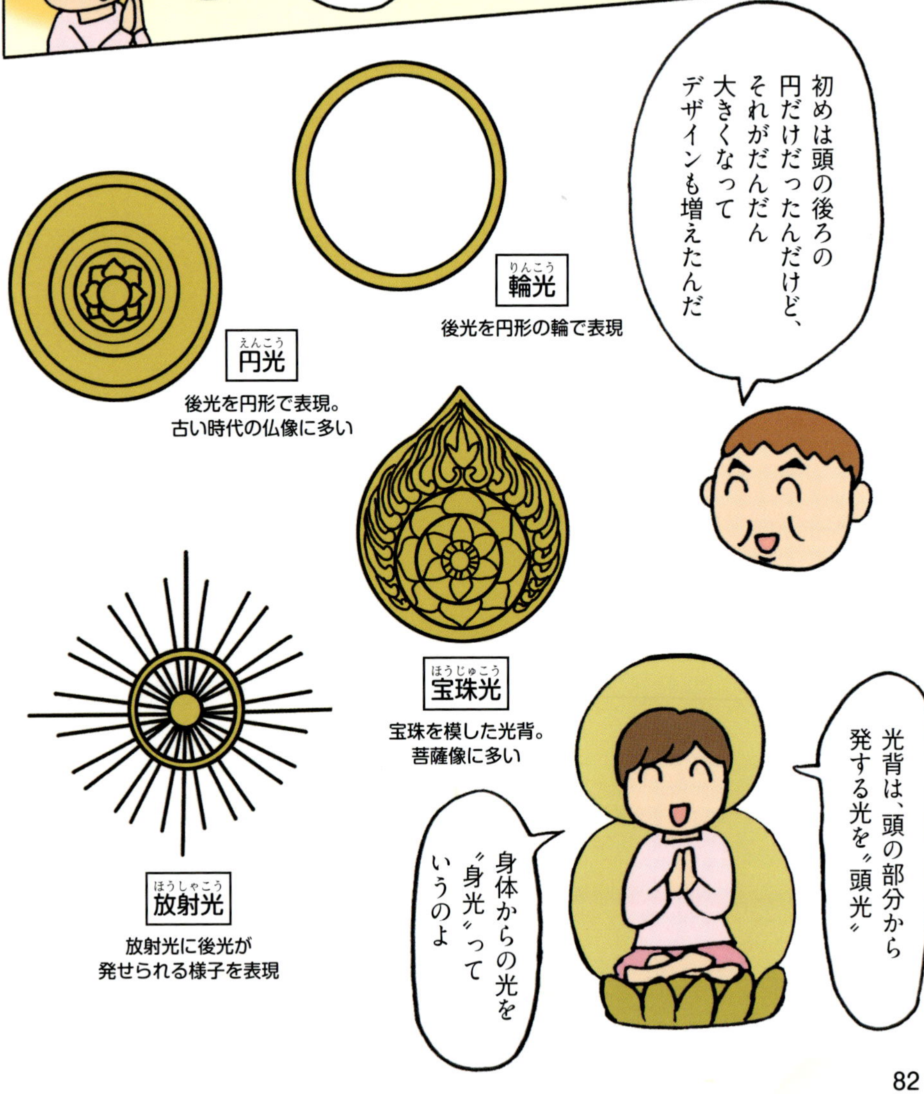
初めは頭の後ろの円だけだったんだけど、それがだんだん大きくなってデザインも増えたんだ
輪光《りんこう》
後光を円形の輪で表現
円光《えんこう》
後光を円形で表現。古い時代の仏像に多い
宝珠光《ほうじゅこう》
宝珠を模した光背。菩薩像に多い
放射光《ほうしゃこう》
放射光に後光が発せられる様子を表現
光背は、頭の部分から発する光を〝頭光〟
身体からの光を〝身光〟っていうのよ

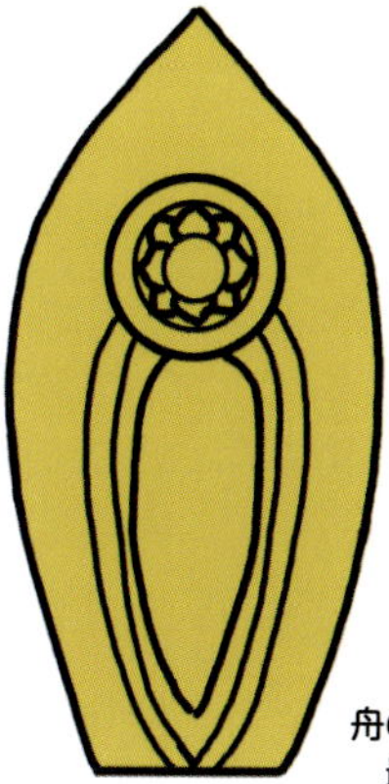

舟形光背《ふながたこうはい》

舟のかたちをしている
最も代表的な装飾

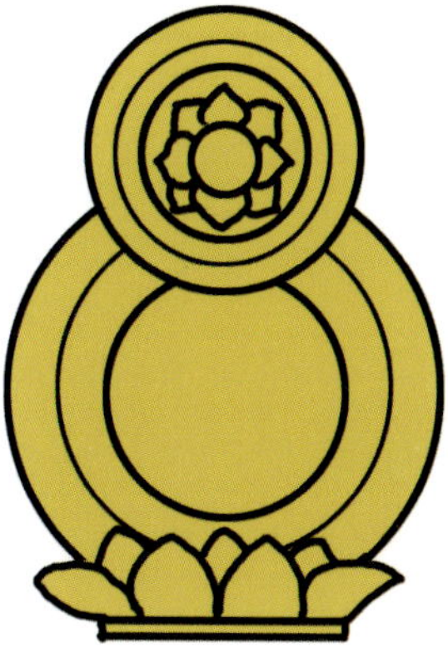

二重円光《にじゅうえんこう》

円光を二つ
組み合わせたもの

飛天光《ひてんこう》

舟形光背に空中を漂う
飛天を表した光背

火炎光《かえんこう》

燃えさかる炎を
かたどっている

二重火炎光背《にじゅうかえんこうはい》

二重円光の周りに
火炎を表現

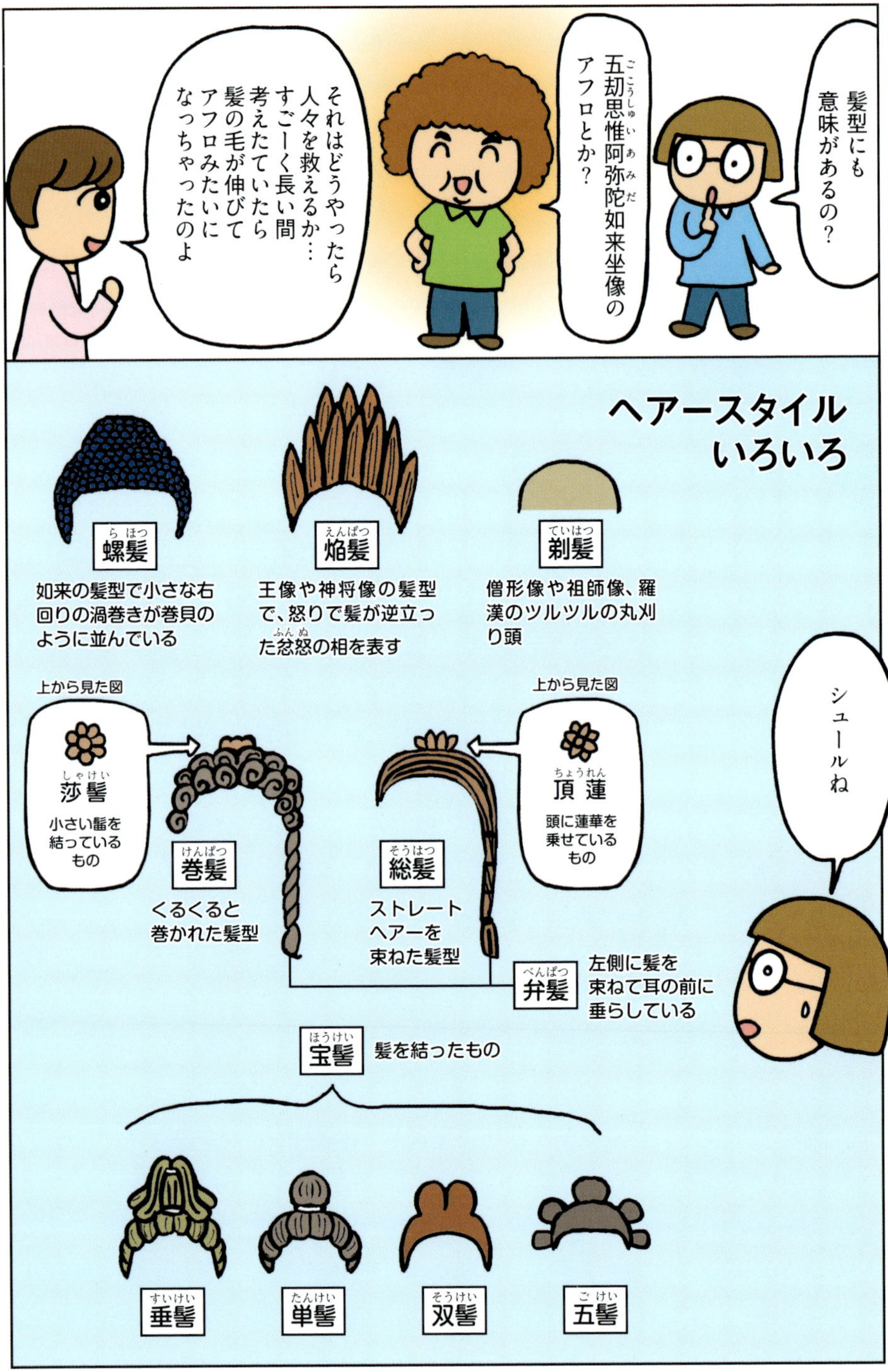

髪型にも意味があるの？
五《ご》劫《こう》思《しゅ》惟《い》阿《あ》弥《み》陀《だ》如来坐像のアフロとか？
それはどうやったら人々を救えるか…すごーく長い間考えたていたら髪の毛が伸びてアフロみたいになっちゃったのよ
ヘアースタイルいろいろ
螺髪《らほつ》
如来の髪型で小さな右回りの渦巻きが巻貝のように並んでいる
焔髪《えんぱつ》
王像や神将像の髪型で、怒りで髪が逆立った忿怒《ふんぬ》の相を表す
剃髪《ていはつ》
僧形像や祖師像、羅漢のツルツルの丸刈り頭
上から見た図
莎髻《しゃけい》
小さい髷を結っているもの
巻髪《けんぱつ》
くるくると巻かれた髪型
総髪《そうはつ》
ストレートヘアーを束ねた髪型
上から見た図
頂蓮《ちょうれん》
頭に蓮華を乗せているもの
弁髪《べんぱつ》
左側に髪を束ねて耳の前に垂らしている
シュールね
宝髻《ほうけい》
髪を結ったもの
垂髻《すいけい》
単髻《たんけい》
双髻《そうけい》
五髻《ごけい》

謎 その8

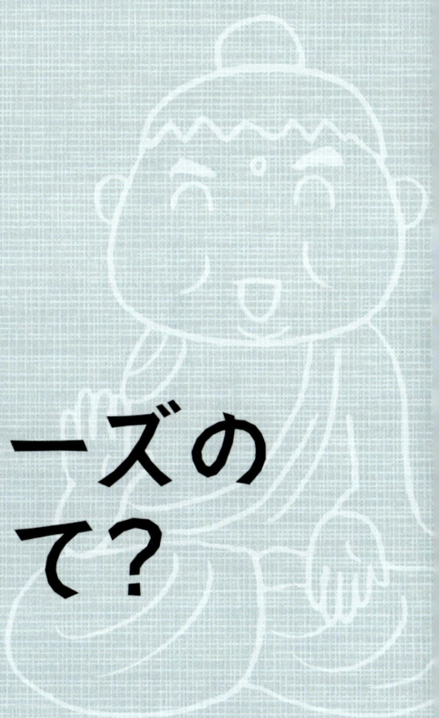

仏像のポーズの意味って？

仏像っていろんなポーズしてるね
立ったり座ったりね
ポーズにも意味あるの？
立像《りゅうぞう》
坐像《ざぞう》
横臥像《おうがぞう》
大きく分けてこの３つ
りゅうぞう？
そう、立つ像と書いて「りゅうぞう」って読むの
横になっている像は「涅槃像《ねはんぞう》」でお釈迦様が亡くなった時の姿よ
涅槃図のお釈迦様は、まだ息があるときは手枕で、亡くなった後は蓮華の枕なんだよ

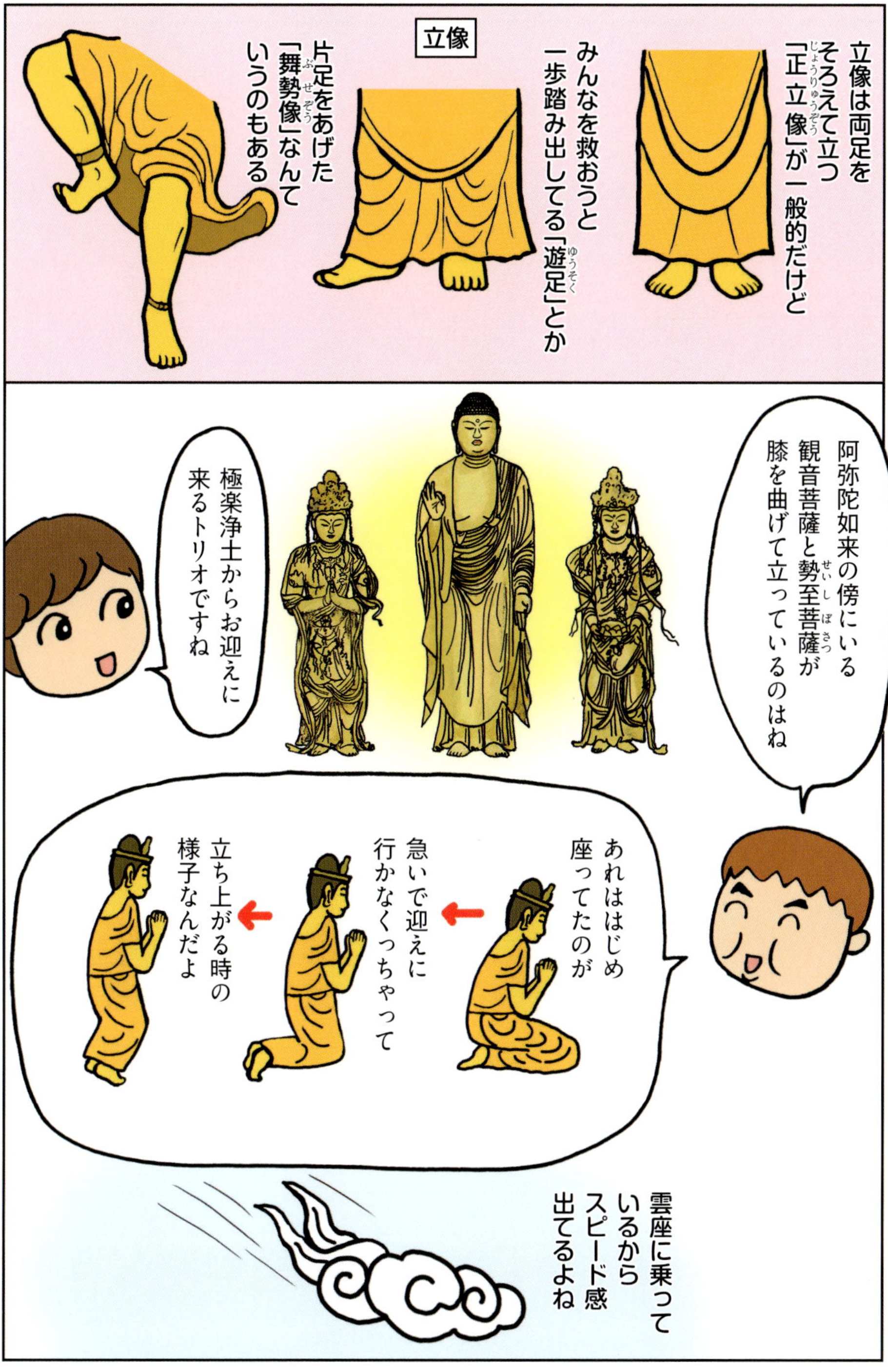

立像は両足をそろえて立つ「正立像《じょうりゅうぞう》」が一般的だけど
みんなを救おうと一歩踏み出してる「遊足《ゆうそく》」とか
立像
片足をあげた「舞勢像《ぶせぞう》」なんていうのもある
阿弥陀如来の傍にいる観音菩薩と勢至《せいし》菩薩《ぼさつ》が膝を曲げて立っているのはね
極楽浄土からお迎えに来るトリオですね
あれははじめ座ってたのが急いで迎えに行かなくっちゃって立ち上がる時の様子なんだよ
雲座に乗っているからスピード感出てるよね

坐像が一番バリエーションに富んでいるんだ
坐像は仏がじっとものを考えたり、瞑想したりしている時の姿なのよ
ほう〜
一般的な形は「結跏趺坐」
両足の甲をそれぞれ逆の足の太ももに乗せて足を組むの
結跏趺坐《けっかふざ》
右足を上に組む 吉祥坐
左足を上に組む 降魔坐
如来像に多いのよ
坐禅の形だ!

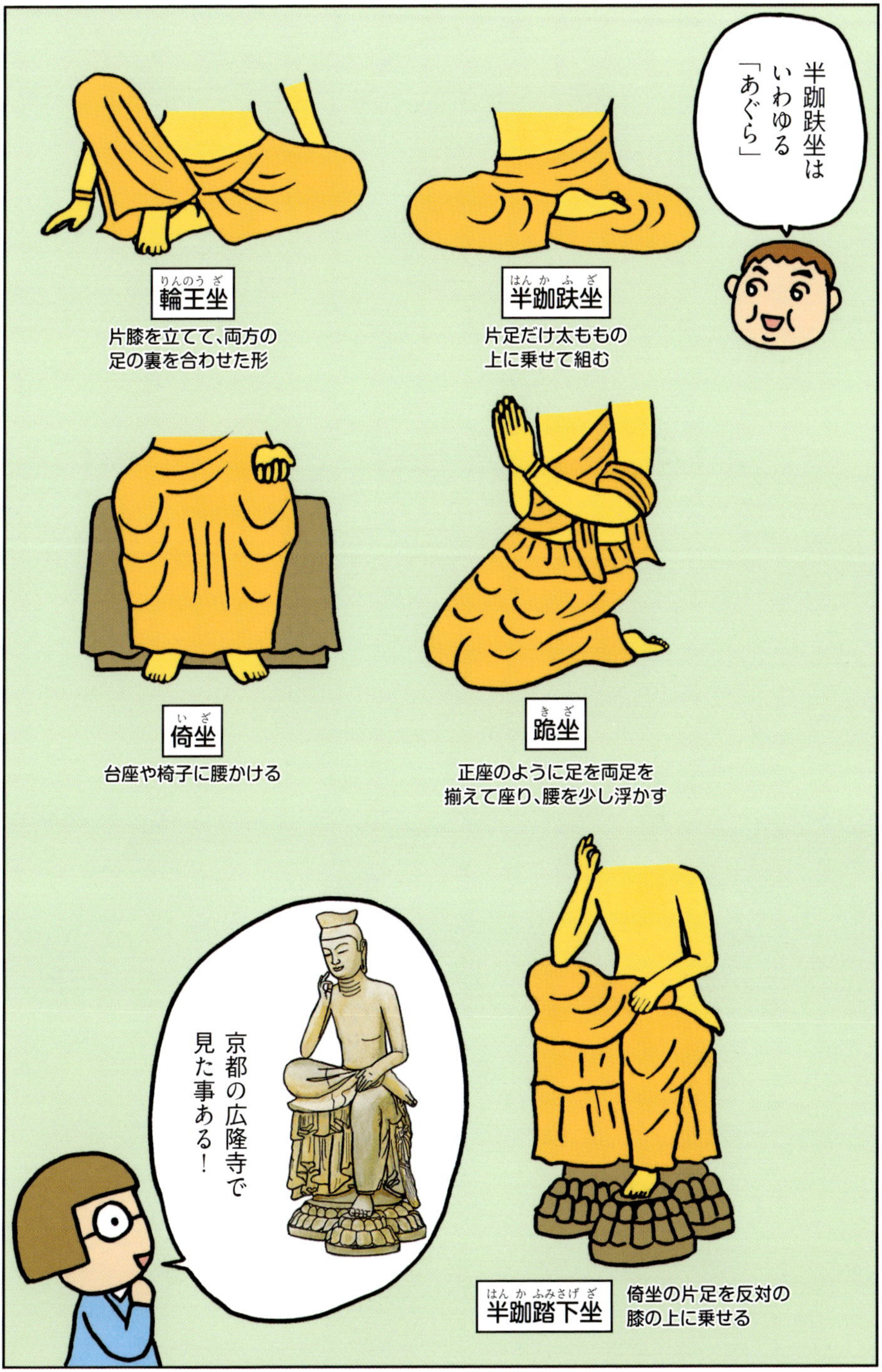

半跏趺坐は いわゆる「あぐら」
輪王坐《りんのうざ》
片膝を立てて、両方の足の裏を合わせた形
半跏趺坐《はんかふざ》
片足だけ太ももの上に乗せて組む
倚坐《いざ》
台座や椅子に腰かける
跪坐《きざ》
正座のように足を両足を揃えて座り、腰を少し浮かす
京都の広隆寺で見た事ある!
半跏踏下坐《はんかふみさげざ》
倚坐の片足を反対の膝の上に乗せる

手もいろんな形してるよね
どんな意味があるの？
仏像の手の形は手話のようなもの
これを印相《いんそう》っていうんだ
印と言ってもハンコじゃないよ
印
仏様は身振りでいろいろな意味をあらわしているのよ
印相はいろいろな種類がありどの仏像がどの印を結ぶか決まりがあるんだ
ここでは基本の五つの形を覚えておこう
先生また変身したー
ヘエー

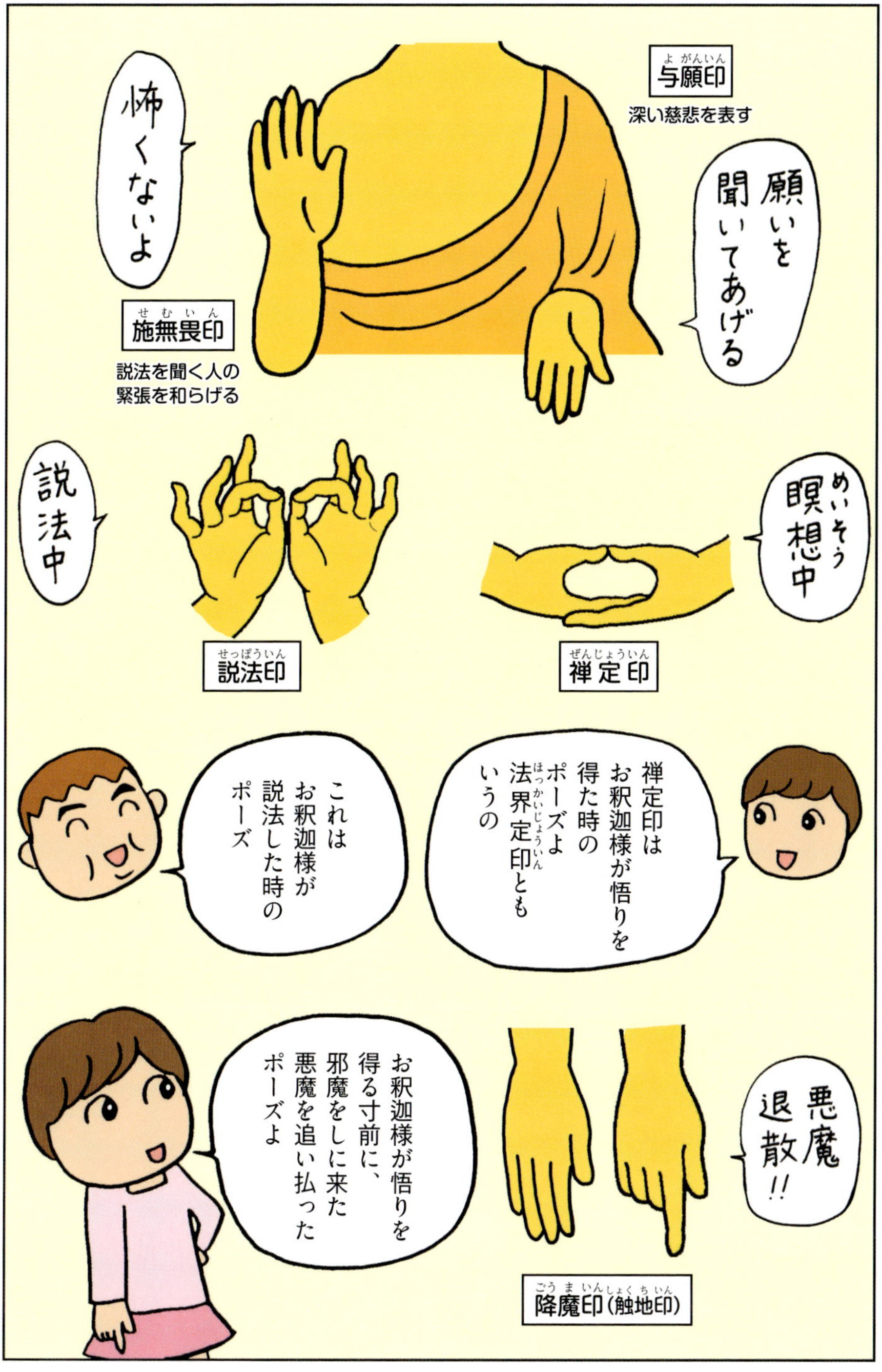
与願印《よがんいん》
深い慈悲を表す
願いを聞いてあげる
怖くないよ
施無畏印《せむいん》
説法を聞く人の緊張を和らげる
瞑想《めいそう》中
説法中
説法印《せっぽういん》
禅定印《ぜんじょういん》
禅定印はお釈迦様が悟りを得た時のポーズよ法界定印《ほっかいじょういん》ともいうの
これはお釈迦様が説法した時のポーズ
悪魔退散!!
お釈迦様が悟りを得る寸前に、邪魔をしに来た悪魔を追い払ったポーズよ
降魔印《ごうまいん》（触地印《しょくちいん》）

手に何を持っているの？
持物《じぶつ》っていってね千手観音は左右の手でこんな物を持っているのよ

左手の持物

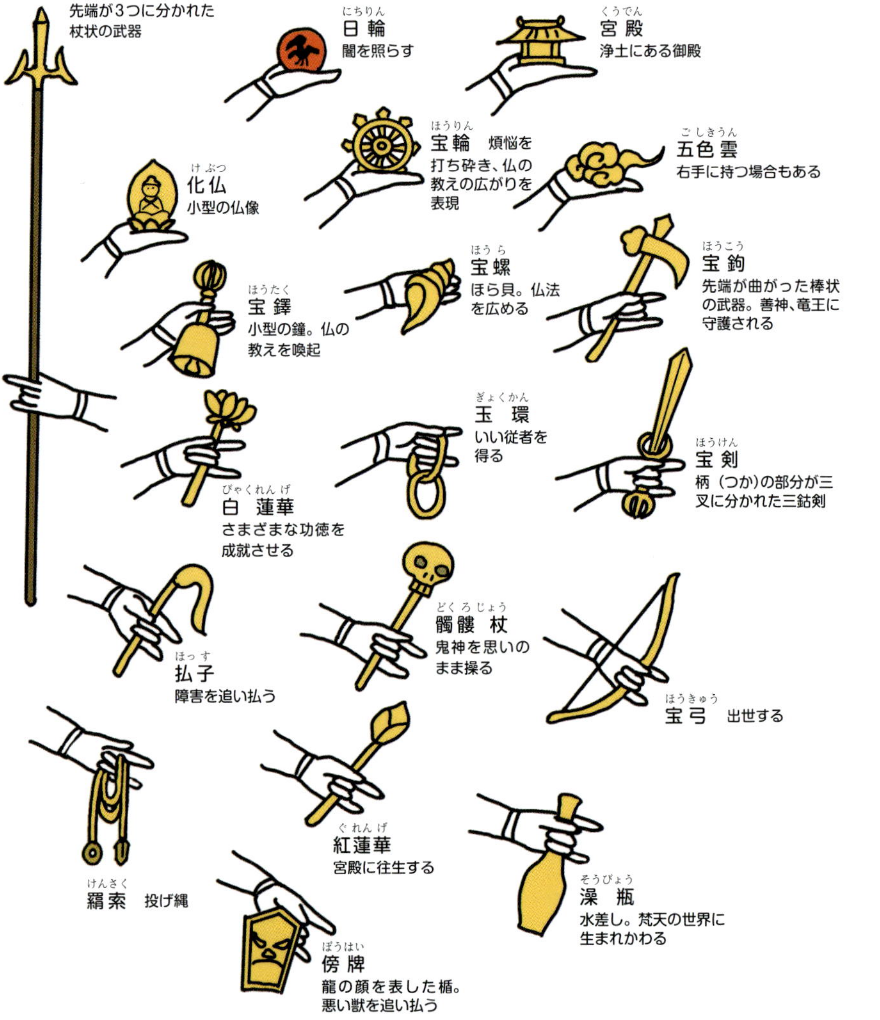
宝戟《ほうげき》
先端が3つに分かれた杖状の武器
日輪《にちりん》
闇を照らす
宮殿《くうでん》
浄土にある御殿
宝輪《ほうりん》　煩悩を打ち砕き、仏の教えの広がりを表現
五色雲《ごしきうん》
右手に持つ場合もある
化仏《けぶつ》
小型の仏像
宝螺《ほうら》
ほら貝。仏法を広める
宝鉤《ほうこう》
先端が曲がった棒状の武器。善神、竜王に守護される
宝鐸《ほうたく》
小型の鐘。仏の教えを喚起
玉環《ぎょくかん》
いい従者を得る
宝剣《ほうけん》
柄（つか）の部分が三叉に分かれた三鈷剣
白蓮華《びゃくれんげ》
さまざまな功徳を成就させる
髑髏杖《どくろじょう》
鬼神を思いのまま操る
払子《ほっす》
障害を追い払う
宝弓《ほうきゅう》　出世する
紅蓮華《ぐれんげ》
宮殿に往生する
羂索《けんさく》　投げ縄
澡瓶《そうびょう》
水差し。梵天の世界に生まれかわる
傍牌《ぼうはい》
龍の顔を表した楯。悪い獣を追い払う

この持物で、千手観音が
いかに色々な事が
できるかわかるよね
それぞれの手のひらには
眼もついているんだよ
どんな人も漏らさずに
救済しようと
しているからですよね
なんか
ドクロとかも
あるんだけど

右手の持物

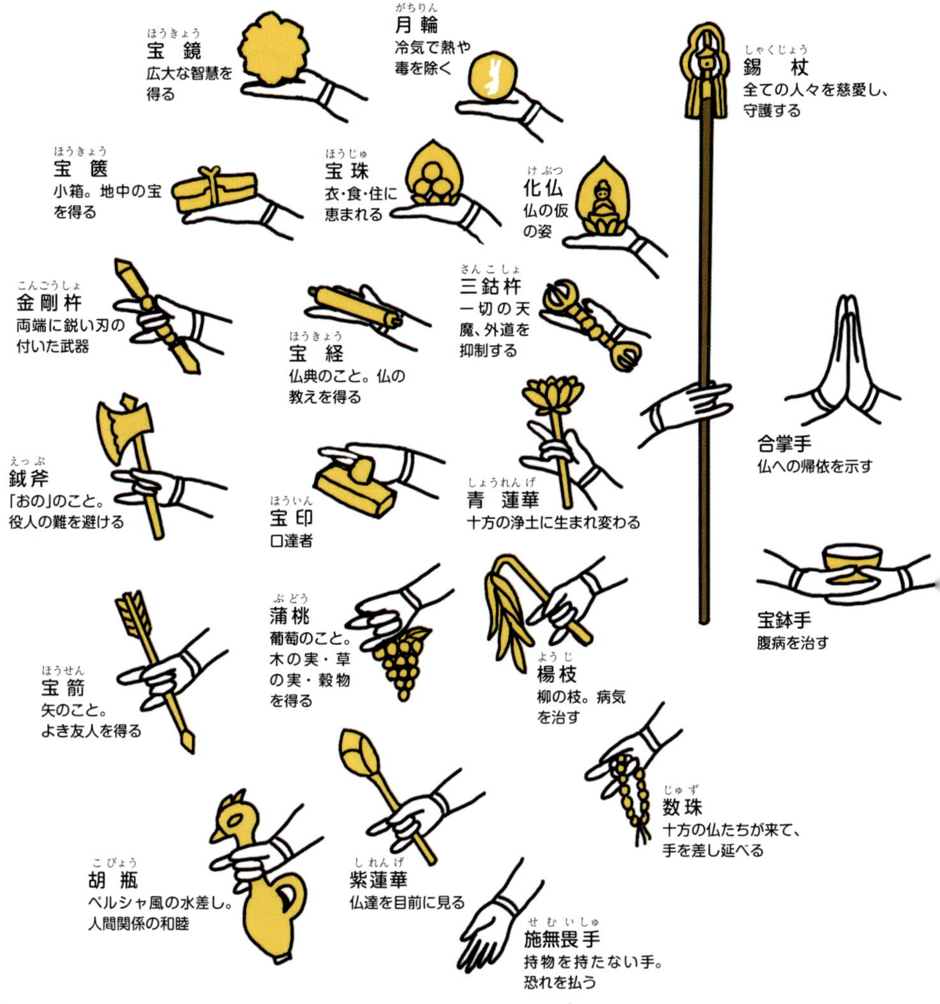
宝鏡《ほうきょう》
広大な智慧を得る
月輪《がちりん》
冷気で熱や毒を除く
錫杖《しゃくじょう》
全ての人々を慈愛し、守護する
宝篋《ほうきょう》
小箱。地中の宝を得る
宝珠《ほうじゅ》
衣・食・住に恵まれる
化仏《けぶつ》
仏の仮の姿
金剛杵《こんごうしょ》
両端に鋭い刃の付いた武器
宝経《ほうきょう》
仏典のこと。仏の教えを得る
三鈷杵《さんこしょ》
一切の天魔、外道を抑制する
合掌手
仏への帰依を示す
鉞斧《えっぷ》
「おの」のこと。役人の難を避ける
宝印《ほういん》
口達者
青蓮華《しょうれんげ》
十方の浄土に生まれ変わる
宝鉢手
腹病を治す
蒲桃《ぶどう》
葡萄のこと。木の実・草の実・穀物を得る
楊枝《ようじ》
柳の枝。病気を治す
宝箭《ほうせん》
矢のこと。よき友人を得る
数珠《じゅず》
十方の仏たちが来て、手を差し延べる
胡瓶《こびょう》
ペルシャ風の水差し。人間関係の和睦
紫蓮華《しれんげ》
仏達を目前に見る
施無畏手《せむいしゅ》
持物を持たない手。恐れを払う

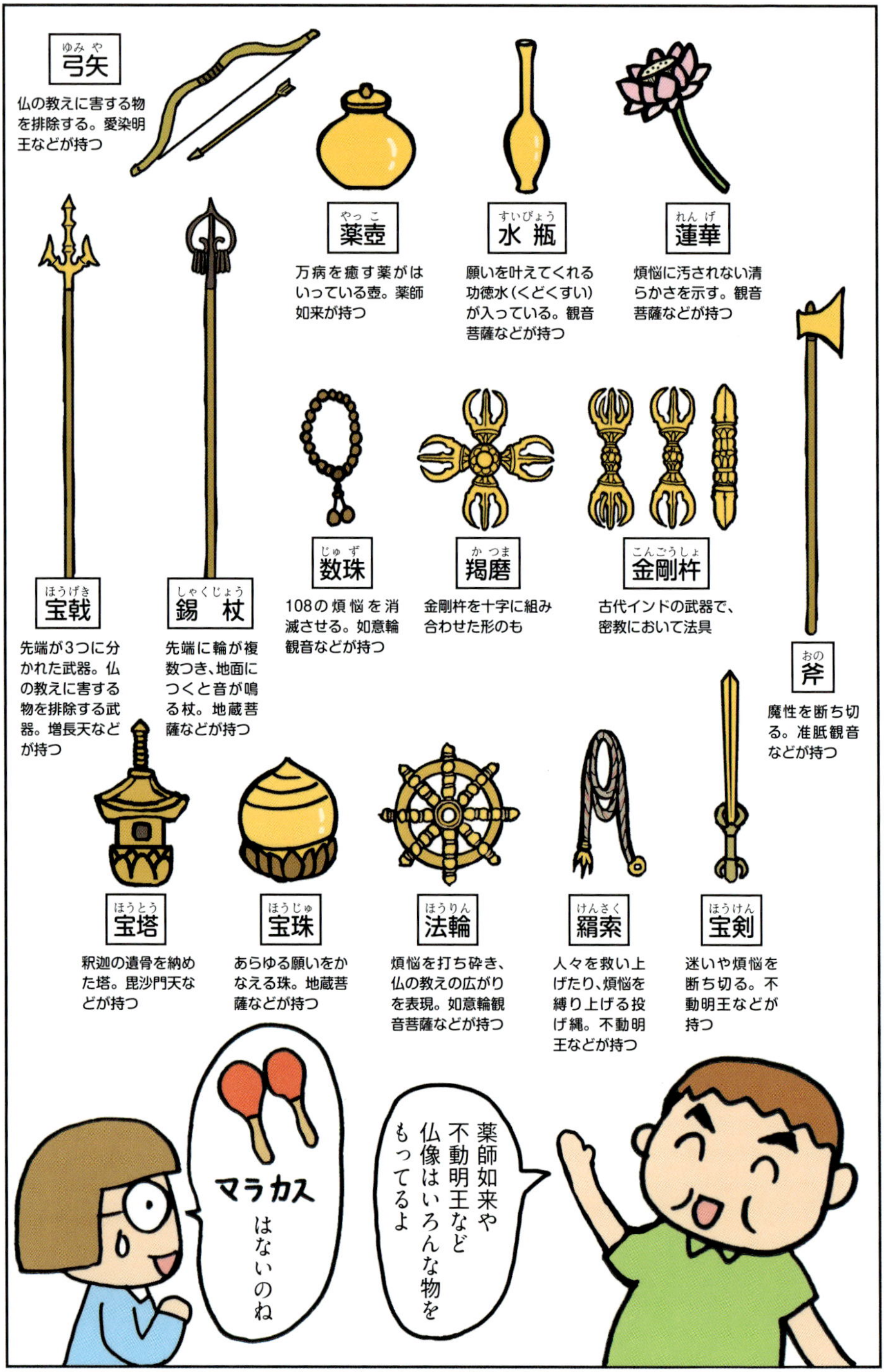
弓矢《ゆみや》
仏の教えに害する物を排除する。愛染明王などが持つ
薬壺《やっこ》
万病を癒す薬がはいっている壺。薬師如来が持つ
水瓶《すいびょう》
願いを叶えてくれる功徳水（くどくすい）が入っている。観音菩薩などが持つ
蓮華《れんげ》
煩悩に汚されない清らかさを示す。観音菩薩などが持つ
宝戟《ほうげき》
先端が3つに分かれた武器。仏の教えに害する物を排除する武器。増長天などが持つ
錫杖《しゃくじょう》
先端に輪が複数つき、地面につくと音が鳴る杖。地蔵菩薩などが持つ
数珠《じゅず》
108の煩悩を消滅させる。如意輪観音などが持つ
羯磨《かつま》
金剛杵を十字に組み合わせた形のも
金剛杵《こんごうしょ》
古代インドの武器で、密教において法具
斧《おの》
魔性を断ち切る。准胝観音などが持つ
宝塔《ほうとう》
釈迦の遺骨を納めた塔。毘沙門天などが持つ
宝珠《ほうじゅ》
あらゆる願いをかなえる珠。地蔵菩薩などが持つ
法輪《ほうりん》
煩悩を打ち砕き、仏の教えの広がりを表現。如意輪観音菩薩などが持つ
羂索《けんさく》
人々を救い上げたり、煩悩を縛り上げる投げ縄。不動明王などが持つ
宝剣《ほうけん》
迷いや煩悩を断ち切る。不動明王などが持つ
薬師如来や不動明王など仏像はいろんな物をもってるよ
マラカスはないのね

謎 その9

仏像のファッションって？

仏像の衣って どうやって着てるの?
2通りの着方が あるんだよ
古いインドの着方が もとになってるんだって
布を縫わずに 巻いているだけよ
偏袒《へんだん》右《う》肩《けん》
右肩を 出している
通肩《つうけん》
両肩を 覆っている
偏袒右肩は下半身に 裳《も》（裙《くん》）という巻きスカートの ようにくるりと巻く
納衣（袈裟）という 大きな四角い布を
肩にかける
肩が出てる

通肩は、布を肩にかけ
背中にまわして
そのまま全部右にも巻く
両肩を覆った通肩は、
説法の時など威儀《いぎ》を
正すための姿
へぇ～そうなんだ
布巻くだけなら
サイズもなくていいね
ねえねえお姉ちゃん
私も仏様みたいな衣
着てみたいんだけど～
私も着たい！
せっかく着るなら
菩薩がいいな～

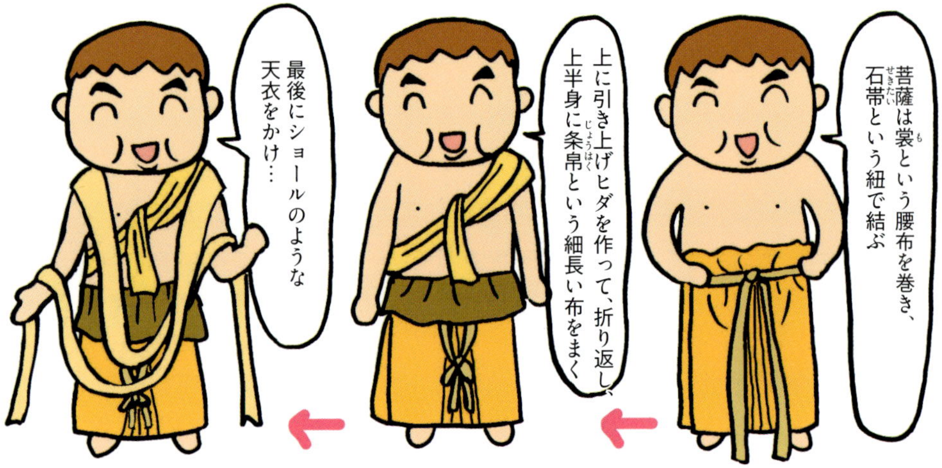
菩薩は裳《も》という腰布を巻き、
石帯《せきたい》という紐で結ぶ
上に引き上げヒダを作って、折り返し、
上半身に条帛《じょうはく》という細長い布をまく
最後にショールのような
天衣をかけ…

できた!!

菩薩は豪華な飾りも
つけるのよね！
先生！
アクセサリー買って～!!
煩悩退散～!!
あれ！あんなとこで
明王になって耳ふさいでる…
聞こえな～い

ひろみの
ミニ
コラム

こんな言葉も仏教から…

修《しゅ》羅《ら》場《ば》

修羅場の修羅は「阿修羅」のこと。阿修羅と帝釈天との戦った場所を修羅場といったことに由来しているのよ。

謎 その10

仏像は何でできてるの？

さて、仏像はどんな材料でできてるか知ってるかい？
木、金属（銅、金、銀）、石、土、漆、象牙、それと紙などかな？
正解！
えへっ
さすがお姉ちゃん

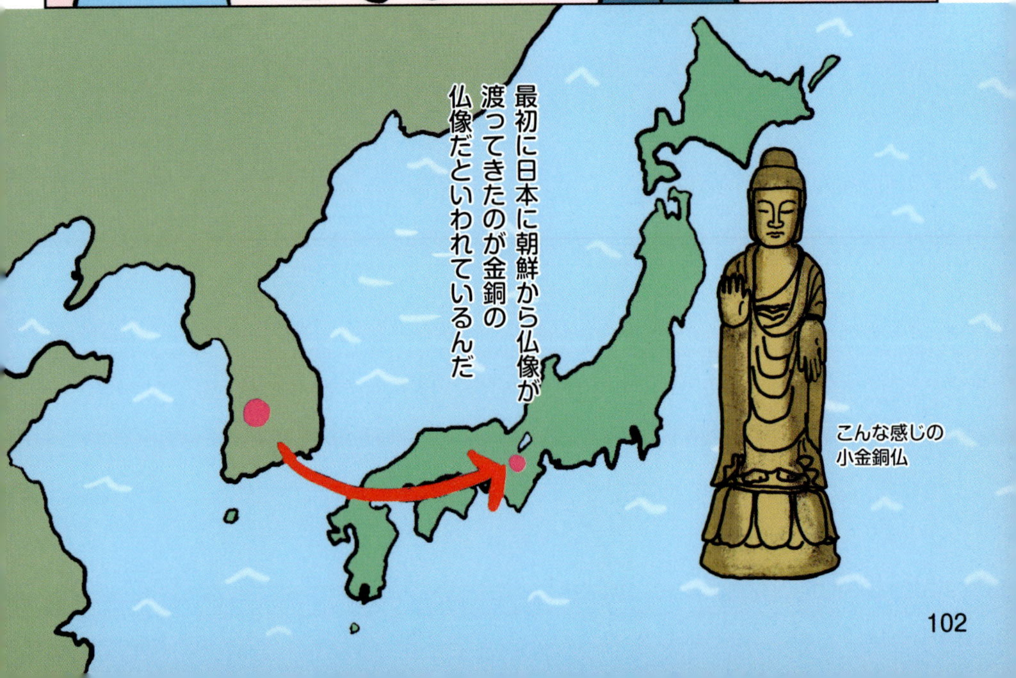
最初に日本に朝鮮から仏像が渡ってきたのが金銅の仏像だといわれているんだ
こんな感じの小金銅仏

それまで日本人が見てきた像は土を焼いて作った土偶とか埴輪ぐらいだったからね
光ってる!!
ピカ
ピカ
ピカ
『日本書紀』にも、仏像が初めて朝鮮半島から入ってきたとき「お顔がピカピカしている！」と書かれている光ってることに驚いたみたいだよ
オー
オー

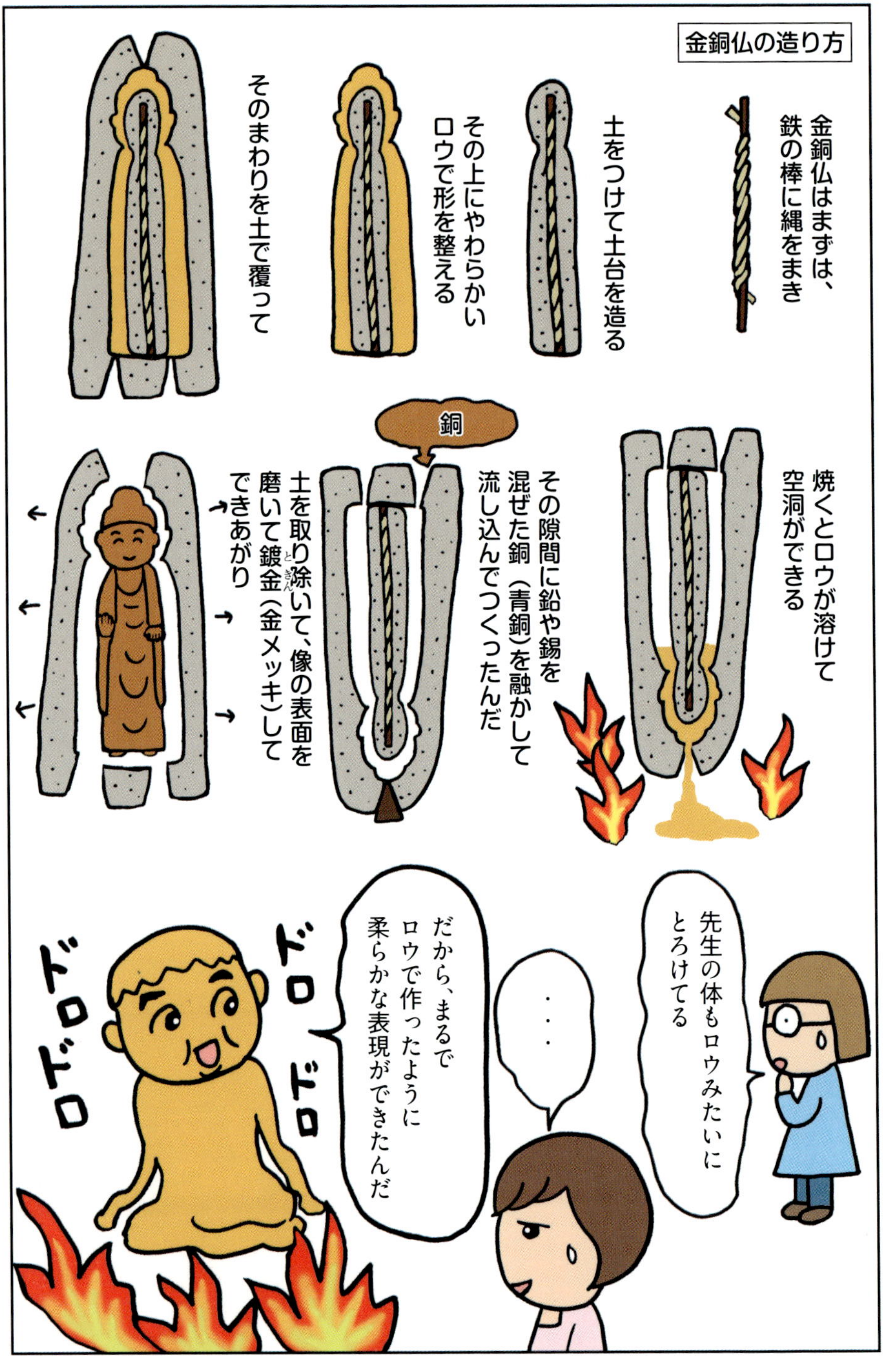

金銅仏の造り方
金銅仏はまずは、鉄の棒に縄をまき
土をつけて土台を造る
その上にやわらかいロウで形を整える
そのまわりを土で覆って
焼くとロウが溶けて空洞ができる
銅
その隙間に鉛や錫を混ぜた銅（青銅）を融かして流し込んでつくったんだ
土を取り除いて、像の表面を磨いて鍍《と》金《きん》（金メッキ）してできあがり
先生の体もロウみたいにとろけてる
・・・
だから、まるでロウで作ったように柔らかな表現ができたんだ
ドロ ドロ
ドロドロドロ

金や銀で作るのって
お金がかかるね
土とか粘土で作った
仏像もあるのよ
粘土の像は
塑像っていうんだ
塑像《そぞう》の造り方
塑像は、まず
木に縄を巻いて
その上に粘土で
形を作るんだ
塼仏《せんぶつ》の造り方
※塑像の半立体
クッキーの型みたいな
ところに粘土をこめる
型から抜き
取って焼く
きめ細かに
仕上げられるし
材料費も安いんだ
でも地震で壊れ
やすいし
ポキッ
グラ
グラ
グラ
グラ
重いし！
ズッシリ

漆の仏像もあるんだよ
漆の像？漆ってあのかぶれちゃう木の汁？
ドロリ
そう、漆の像は乾漆像っていうんだよ2パターンあるんだ
脱活乾漆像《だっかつかんしつぞう》の造り方
まず木を芯にして土で原型をつくり、
麻布
その上に漆に浸した麻布を貼り重ねる
麻布
断面図
漆の乾燥後、背面などに窓をあけて土を掻き出し木の芯をいれる
土
最後は木屑と漆を混ぜたペースト状の木屎《こくそ》漆《うるし》で細部を仕上げる
金箔を貼るか、着色して完成
空洞
中が空洞の張り子のようで軽い。火事の時も運び出しやすかったみたい

木心乾漆《もくしんかんしつ》像の造り方
大まかな木彫像の原型を作り
木
その原型に同じように麻布を貼り
ペタペタ
最後は木屎漆で細部整形し像を完成させる
金箔を貼るか、着色して完成
中身を取り出さずに木彫りの像を入れたままにするので重いんだ
重い～
ズッシリ
漆は金よりも高価だったから奈良時代より後はほとんど作られなくなったんだ
ヘエ～
うんうん

で、日本では木の仏像が多く造られるようになるんだ
僕は青木ね
意味不明?
木って神様がやどる霊木とか信仰されてきたのよ
一木造《いちもくづくり》
でも、木の大きさの像しか造れないんだ
分業もできないしね
しかも干割《ひわ》れするし…
干割れしないように背中から中をくり抜く内ぐりしたものもあるよ
背ぐり
捨てる
中身
割はぎ作り
中をくり抜いた分軽くなっていいわね
中身
1木で造ったのを真ん中でわって中をくりぬいてくっつける割はぎ作りもあるよ

割首《わりくび》
像の首の付け根から切り離し体のひび割れが顔にひびかないようにする
いろいろな作り方があるんだね
寄《よせ》木《ぎ》造《づくり》
複数の木材を組み合わせて造る干割れせずにすむし、大きな木材も必要ないし、大人数で手分けして作業が出来る
平安時代の後期から寄木造りができてきたんだ
いまじゃ、ポピュラーだよね
ヘエ〜

ひろみの
ミニ
コラム

こんな言葉も仏教から…

億劫《おっくう》

億劫の「劫」はサンスクリット語で最長の時間の単位。長く時間がかかり、面倒なことから「面倒くさい」の意味に使われているそうよ。

謎 その11

仏像の胎内って？

いろいろ教えてもらって仏像のこと好きになってきたかも
まだまだ～
エッ!?
次は仏像の中身の謎ときをしよう
えっ、仏像の中に何かはいっているの?
そう入っている場合もあるんだ
何が入っていると思う?
財宝!
オイオイ

秘密が入っているんだ
ほら!
わぁ~何これ
えっ!?
それってカツラ?

これは伊豆・修禅寺の大日如来像から出てきたもので…
修繕の際に仏像を解体してみたら胎内から経文とともに3束の黒髪が出てきたんだ
修禅寺で謀殺された源頼家の供養のために入れられたらしいんだ
頼家って鎌倉幕府の2代将軍ね
それって頼家の髪なの？
鑑定の結果、O型とB型の2人の女性のものだとわかったんだ たぶん一人は頼家の側室・辻殿のものらしいんだ
女性にとって大切な黒髪を入れたのね
髪の毛もすごいけど内臓が入っていることもあるそうよ
内臓！

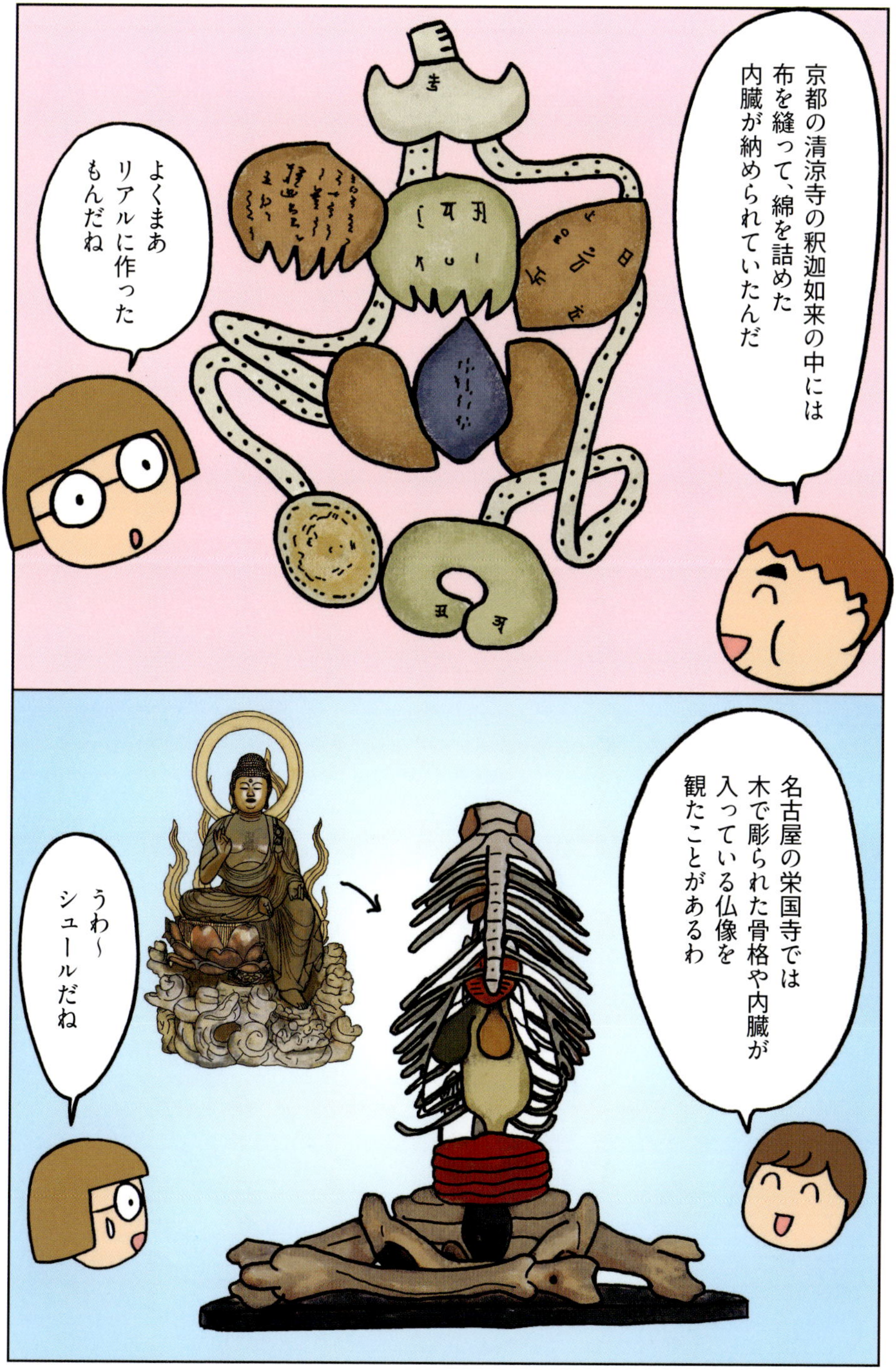
京都の清涼寺の釈迦如来の中には
布を縫って、綿を詰めた
内臓が納められていたんだ
よくまあ
リアルに作った
もんだね
名古屋の栄国寺では
木で彫られた骨格や内臓が
入っている仏像を
観たことがあるわ
うわ〜
シュールだね

みんながよく知っている
奈良の大仏の下からは、
聖武天皇ゆかりの
宝剣や鏡、水晶などが
出てきたんだよ
金銀荘大刀（陰剣・陽剣）
銅鏡
水晶など
荘厳具
数珠

スゴイ〜〜
いろんなものが入っているんだねー
いつ頃から入れられるようになったの?
中国では4世紀ごろから入れてたみたいなんだ
ここを外して中に入れた仏像があるんだ
日本では平安時代になると個人の愛用品なんかも入れるようになったんだ
櫛や裁縫道具
針七本
サイコロなんていうのも
納められたりしているんだ
三重県・四天王寺の薬師如来から出てきた

?
なんでサイコロなの？
平安時代の女性はすごろくが好きだったのよ
こうやってみると仏像の中身はタイムカプセルみたいでしょ
入っているもので当時のことがわかるんだ
へぇー
中身があるかないかどうしてわかるの？
シャカ
シャカ
エッ!?
振るの!?
最近ではレントゲンやファイバースコープで調べられるんだよ
その前は解体修理でもしないとわからなかったんだ
コホン

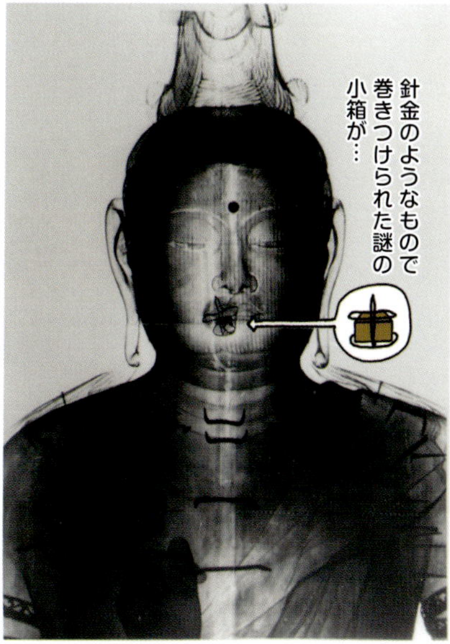
針金のようなもので巻きつけられた謎の小箱が…

源頼朝の等身といわれる仏像のレントゲン写真

瀧山寺蔵：聖観音菩薩立像

レントゲンで撮影したところ、歯のようなものと遺髪を納めたと思われる小箱が写ったんだ
えっ、歯？
レントゲン撮るなんて健康診断みたい

仏像のこと少しはわかったかな?
知れば知るほど面白い!
わかった?
さあ!お寺に仏像見に行こう!
まずはどこの仏像がおすすめ?
えっ今から?
燃えてるね〜

レッツゴー!
シャカ
シャカ
あれ?
先生絶好調ね
あー
マラカス持って
行くの?

私が好きな仏像はこれ！ 田中ひろみが恋するイケメン仏像

大日如来《だいにちにょらい》／
円成寺《えんじょうじ》（奈良）

恵光童子《えこうどうじ》／
金剛峯寺《こんごうぶじ》
（和歌山）

水月観音《すいげつかんのん》／
東慶寺《とうけいじ》（鎌倉）

おわりに

私は、京都の三十三間堂で仏像と恋に落ちて以来、
仏像が好きで好きで、寝ても覚めても仏像のことで頭がいっぱい。
そんな私に仏さまがお慈悲をくださったのか、
仏像に関わる仕事にも恵まれました。
仏像関係の本の出版や、カルチャーセンターで仏像の見方の講師。
さらには仏像バスツアーの同行講師をつとめたりしています。
しかしまだ、仏像の素晴らしさを知らない友人が沢山います。
仏像は難しくて、興味がないという人も多い。
どうしたら、仏像の素晴らしさを知ってもらえるのか？
仏像を簡単に楽しくわかってもらえる方法はないか？　と考え、この本を描きました。

マンガであっても、内容の正確さも大事にしたかったので、
多摩美術大学教授・青木淳先生に監修していただきました。
仏像の中身の謎の紹介は、青木先生の監修があってこそです。
青木先生からは、「ギャグがまだまだ足りない！」と言われましたが、
堅苦しくなく仏像のことが伝わるといいなと思っています。
ちなみに、ダジャレを飛ばしている青木先生は、
いつもマラカスを持ってるわけではありません。（笑）
この本を読んで、たくさんの方が、より仏像の魅力を知り、
仏像を好きになってもらえれば嬉しいです。
最後になりましたが、お世話になった方々、
そしてこの本を手に取ってくださった皆さま、本当にありがとうございました。

田中ひろみ

この本に寄せて

私が仏像とはじめ出会ったのは 10歳のときでした。

この年の春、大好きだった祖父が亡くなり、子供ながらにとても寂しい思いをしました。その年の冬、父と母がそんな私を奈良へ連れて行ってくれて、そこで私は運命的な出会いをしました。

当時は興福寺の国宝館に展示してあった“無著像”というおじいさん彫刻をみたとき、ふと亡くなった祖父のことを思い出したのです。

それ以来、毎年のように“無著像”に会いに行きました。

大学生になって、美術史の授業でこの”無著像”の話が出て、嬉しくなり、その翌年には美術史を学べる学部に両親に内緒で移ってしまいました。

美術史の勉強してどうやって食べて行くんだと父に「むちゃくちゃだ」と怒られましたが、きっかけは”無著” さんなのですから・・・・・

“無著像”があの有名な仏師運慶と 六人の子供たちによる合作であることを知ったのも、この頃でした。

昔、文化人類学者の山口昌男先生に「わからないものが現れたときが、面白くなる時だと気づくこと」という言葉を教えていただいたことがあります。わからない「こと」や「もの」と毎日、私たちは向きあっています。

仏像の姿やその信仰のことを聞かれると、いまも「あれ、なんだっけ」と思うことがしばしばあります。そんなとき、この本を思い出してください。田中ひろみさんと私の「何だっけ」がいっぱい詰まっているのですから。いつか皆さん との仏縁?が訪れる日を楽しみにしています。

監修者　多摩美術大学教授　青木 淳

著：田中ひろみ（たなかひろみ）

大阪府出身で所沢市在住。ナースとして大学病院に勤務。退職後、セツ・モードセミナーを卒業。その後に小説家のアシスタントを経てイラストレーターに。仏像、史跡、神社、恋愛など幅広いテーマで書籍を執筆し、講演なども精力的にこなす。奈良市観光大使。丸の内はんにゃ会（女子の仏教サークル）代表。よみうりカルチャー、中日文化センター、ＮＨＫ学園の講師。はとバスや毎日新聞旅行にて同行講師も行っている。著書は「心やすらぐ仏像なぞり描き」(池田書店)「会いに行きたい！日本の仏像」（講談社＋α文庫）「真言密教の聖地 高野山へ行こう！」(JTBパブリッシング)など多数。

監修：青木 淳（あおきあつし）

1965年、東京都生まれ。総合研究大学院大学(国際日本研究専攻)博士課程修了。博士(学術)。専攻は日本美術史。国際日本文化研究センター客員助教授、高知女子大学大学院助教授を経て現在、多摩美術大学美術学部教授。著書に『遣迎院阿弥陀如来像像内納入品資料』（国際日本文化研究センター 1999年)、『仏像の知られざるなかみ』（宝島社2011)、『四国のほとけ』(淡交社 2016)論文に「快慶以後」、「仏師快慶とその信仰圏」など。高知県香美市立美術館「古仏との対話」展(2008年)、多摩美術大学美術館「祈りの道へ－四国遍路と土佐のほとけ－」(2014年)監修。

マンガで学べる
仏像の謎

2016年1月15日　初版印刷
2016年2月 1日　初版発行

著者　田中 ひろみ
監修　青木　淳
発行人　秋田　守
発行所　JTBパブリッシング
印刷所　大日本印刷

装丁　福田 明日実（yd）
本文デザイン・組版　福田 明日実、小山 茜（yd）
協力　瀧山寺

図書のご注文は
JTBパブリッシング　営業部直販課　☎03-6888-7893

本書内容についてのお問合せは
JTBパブリッシング　出版事業本部　企画出版部　☎03-6888-7846
〒162-8446　東京都新宿区払方町25-5
http://www.jtbpublishing.com

Printed in Japan　806890
ISBN978-4-533-10780-1　C0095
◎乱丁・落丁はお取替えいたします。
◎旅とおでかけ旬情報　http://rurubu.com

○ 本書の情報は平成27年12月現在のものです。
○ 各種データを含めた記載内容の正確さは万全を期しておりますが、学説などは変更される場合があります。
本書に掲載された内容による損害などは、弊社では補償いたしかねますので、あらかじめご了承ください。
○ 本書の編集にあたり、関係各位に多大なご協力を賜りました。厚く御礼申し上げます。

単行本
806890